# Leuchtfeuer

Freiheit und Lebensfreude für Frauen

*In Ihrem Buch „Leuchtfeuer", teilt Ruth ihre eigene Reise zu einem Ort der Heilung, Ganzheit und Vergebung. Sie bietet unkomplizierte Vorschläge und einfache Übungen an, um dich anzuregen, wieder mit der inneren Wahrheit, mit deiner dir innewohnenden weiblichen Kraft, Mitgefühl und Inspiration zu verbinden.*

Brandon Bays, Internationale Bestseller-Autorin von „The Journey – Der Highway zur Seele" und „In Freiheit Leben"

*Dieses Buch bestätigt Frauen nochmals und führt uns zurück zu unserer weiblichen Natur in all ihrer Reinheit, Stärke und Schönheit. Es ist einfach, dies zu vergessen, und dieses Buch hat mir wirklich geholfen, mich wieder damit zu verbinden.*

Bettina Hallifax, Conscious Coach

*Seite für Seite ist von Liebe erfüllt, während Ruth uns führt, die Religion der Liebe zu entdecken, mit der jede Frau natürlich verbunden ist. Mit diesem Buch ermutigt sie alle Frauen, ihre Surfbretter klarzumachen und Arm in Arm mit Männern auf der geschmeidigen Welle der weiblichen Befreiung, die unseren Planeten mitreißt, zu reiten, während die Frauen sich in eine natürlichere Welt erheben und strahlen. Eine leichte und inspirierende Lektüre, zu der man immer wieder zurückkommen kann!*

Ariane Schurmann, Autorin, Seminarleiterin und Erfinderin von Donna Divina International

*Alles fängt mit dir an. Das ist wahrscheinlich einer der Gründe, warum du dieses Buch jetzt vor dir hast. Ein Ruf nach echter, gesunder Veränderung, geschrieben vom Herzen und aus persönlicher Erfahrung – ein Weg der Selbstentdeckung und des Wachstums – um DIE FRAU zu werden und zu sein, die du wirklich bist.*

*Ruth lädt dich ein mitzukommen und das Frausein nachzuempfinden. Sie*

*ermutigt dich, dich zu erheben und als dein wahres Selbst in diesem neuen weiblichen Paradigma zu strahlen. Sie bietet dir Hilfe, das loszulassen, das der Vergangenheit angehört, und voll und ganz das anzunehmen, was im Hier und Jetzt ist.*

*Schließe dich uns an und sei die Veränderung in dieser Welt, für dich und für andere Frauen: erhebe dich und strahle!*

Iris Patricia Furer, Geschäftsführerin von INSIDEOUT Coaching Furer, Rotterdam/Niederlande

*Das ist eines der besten Bücher, das ich bis jetzt gelesen habe. Ich bin zutiefst berührt.*

Lisa Ferguson-Saboth, Tiertherapeutin und Pferdetrainerin

*Dieses Buch kommt von einer selbstsicheren Frau, deren Lebenserfahrungen sie aufs Äußerste und noch weiter gebracht haben. Ihr Mut hat ihr die Kraft gegeben, durch ihre Herausforderungen zu gehen, und auf der anderen Seite funkelnd herauszukommen. Sie hat all ihren eigenen Lehrern gut zugehört und sie hat die Wahrheit verstanden.*
*Jedes Kapitel erlaubt dem Leser einen Einblick in ihr eigenes Leben, was das Buch persönlich macht. Mit diesem persönlichen Anteil ist der Inhalt einfacher zu hören.*
Valerie Hayes, TAWA (Eine Firma für Therapie, Buchhaltung, Schreiben und Kunst)

# Leuchtfeuer
### Freiheit und Lebensfreude für Frauen

Ruth Bleakley-Thiessen

© 2015, Ruth Bleakley-Thiessen

Alle Rechte vorbehalten, auch die des auszugsweisen Abdrucks, gleich welcher Medien.

Aus dem Englischen von Ruth Bleakley-Thiessen.

Originaltitel: "WOMAN RISE AND SHINE"

ISBN 978-3-00-059238-6

Mehr Bücher von Ruth Bleakley-Thiessen finden Sie hier:
www.ruth-bleakley-thiessen.de/books/

Für meine Mutter

## INHALT

Vorwort

| | | |
|---|---|---|
| 1 | Das neue weibliche Leitbild | 15 |
| 2 | Mitgefühl und Bewusstsein | 29 |
| 3 | Kreativität | 41 |
| 4 | Loslassen | 49 |
| 5 | Freiheit | 59 |
| 6 | Gesundheit | 75 |
| 7 | Frieden | 89 |
| 8 | Natur | 99 |
| 9 | Verlangen und Wünsche | 105 |
| 10 | Persönliche Transformation | 117 |
| | Über die Autorin | 137 |
| | Literatur Verzeichnis | 139 |

# Vorwort

Inspiriert von einem Vers von Patricia Lynn Reilly, möchte ich dich einladen, dir für einen Moment etwas vorzustellen:

eine Frau, die glaubt, dass es richtig und gut ist, die Frau zu sein, die sie ist.

eine Frau voller Selbstvertrauen und Selbstrespekt.

eine Frau, die ihren eigenen Bedürfnissen und ihrem Verlangen Aufmerksamkeit schenkt, und ihnen mit Zartheit und Anmut begegnet.

eine Frau, die ihre Erfahrungen ehrt und ihre Geschichten erzählt, die es ablehnt, die Sünden anderer in ihrem Körper und in ihrem Leben mit sich herumzutragen.

eine Frau, die die Einflüsse aus der Vergangenheit auf die Gegenwart anerkennt, die durch ihre Vergangenheit gegangen, und bis in ihre Gegenwart geheilt ist.

eine Frau, die ihr eigenes Leben lebt, sich anstrengt, Steine ins Rollen bringt und sich bewusst entscheidet und zu diesen steht. Sie hört auf ihre weise innere Stimme und hört auf ihre Wahrhaftigkeit.

eine Frau, die ihre eigenen Götter nennt, die die göttliche Weiblichkeit in sich sieht, und die eine persönliche Spiritualität für ihr tägliches Leben bestimmt.

eine Frau, die in ihren eigenen Körper verliebt ist, die glaubt, dass ihr Körper genügt, genau wie er ist, und die seine Rhythmen und Zyklen als einen exquisiten Schatz zelebriert.

eine Frau, die die Ansammlung ihrer Jahre und ihrer Weisheit zelebriert, die es ablehnt, ihre Lebensenergie mit der Vertuschung der Veränderungen in ihrem Körper und ihrem Leben zu verschwenden.

eine Frau, die die Frauen in ihrem Leben schätzt.

eine Frau, die in Frauenkreisen sitzt, und die an ihre eigene Wahrheit erinnert wird, falls sie es vergessen hat.

eine Frau, die ihre angeborene Kreativität natürlich und frei durch sich fließen lässt.

eine Welt, in der jeder sich willkommen und erwünscht fühlt.

eine Welt, in der jedermann tief in seinem Herzen weiß, dass er hierher gehört.

Diese Welt ist eine einzige große Menschenfamilie.


Dies ist nicht nur ein Traum, nicht mal eine weit entfernte Vision oder Möglichkeit. Dies ist Realität, Schicht für Schicht mit Tarnungen zugedeckt. Wir haben den Zugang zu all diesen Dinge nicht verloren, wir müssen die Schale durchbrechen, um die wahren Frauen entstehen zu lassen.

Für Jahrtausende haben wir die Spaltung und Zerstörung gefühlt, die den Polarisationen entstammt, die wir zwischen Männern und Frauen kreiert haben, zwischen Nationen, Religionen und zwischen denen, die haben, und denen, die nicht haben. Diese künstlichen Teilungen haben zu Kampf und Streit, Gewalt und Krieg geführt.

Was wäre, wenn wir stattdessen eine Gesellschaft wählten, die auf unserer tiefen Verbundenheit basiert... gegründet auf der Wahrheit und Weisheit, aus der wir gemacht sind?

Was, wenn wir anfangen, ein neues weibliches Paradigma zu kreieren und zu leben?

Die Zeiten ändern sich. Ein energetischer Tsunami bricht über uns her, in uns und durch uns. Es liegt eine Energie in der Luft - die Energie, die Freiheit des Geistes, die wir als Frauen verkörpern, zu spüren, zu schaffen und sie zu sein.

Dieses Buch wird dich dazu veranlassen, vieles in deinem Leben und besonders in deinem Leben als Frau in Frage zu stellen.

Es ist an der Zeit, dass du in die Frau, die du bist, hineinsinkst, und wir zusammen stark sind. Wir sind eine Frau.

Wenn nicht jetzt, wann dann? Wenn nicht du, wer dann?

**Lasst es uns zusammen tun!**

## Das neue weibliche Leitbild

Das Kraftvollste, das ich je gesehen habe, sind Frauen, egal in welchem Alter, die die Weisheit in ihrem Herzen und ihren Knochen benutzen, mutig sind, und auch damit wachsen.

Das Schmerzhafteste, das ich je erfahren habe, ist der emotionale Schmerz von Frauen in unterschiedlichen Phasen ihres Lebens. Der Schmerz kollektiver Angst, der physische und emotionale Schmerz von genitaler Verstümmelung und Krankheit, und die Scham und Schmerz von verbalem, emotionalem oder physischem Missbrauch. Frauen haben über viele Generationen hinweg gelitten und wurden unterdrückt.

Mir ist bewusst, dass diese schmerzhafte Tatsachen sich hart anhören. Ich nehme an, dass die meisten Menschen echtes Verlangen nach einem Ende von Gewalt, Hass und Leid haben.

Ich bin in einer männlich dominierten Welt aufgewachsen. Ich wurde als Tochter zwischen zwei Söhnen geboren. Als Mädchen spielte ich mit Jungs, hauptsächlich weil es in der Straße, in der wir wohnten, keine Mädchen gab; also wurde ich als Torwart benutzt, wenn wir Fußball spielten, um das Team zu vervollständigen. Die Jungs, von denen es viele gab, schossen den Ball mit voller Wucht auf mich. Ich tat mein Bestes, ihn zu halten, was nicht immer einfach war. Meine Mutter hat ihren Körper verlassen, als sie noch jung war; sie hat meine eigenen Kinder nicht mehr erlebt. Ich habe drei Jungs bekommen. Also lebte ich umgeben von Männern mehrerer Generationen, dazu auch männliche Katzen und ein männliches Pferd.

Ich habe überhaupt kein Problem mit Männern. Ich mag sie nicht nur, ich liebe sie. Genau so heiß und innig liebe ich auch die Gesellschaft von Frauen.

Ich bin jemand, der Dinge hinterfragt. Vielleicht leiste ich dort Widerstand, wo es um das Konventionelle geht. Erst vor acht Jahren habe ich mit Schrecken erkannt, dass ich meine eigenen Vorstellungen, wie Männer sein sollten, geheim hielt. Liebevoll soll er sein, unterstützend, stark, fürsorglich, eine Schulter, an die ich mich immer anlehnen kann, der Held, Supermann, mein Ritter in glänzender Rüstung. Natürlich sind mit diesen Vorstellungen viele Erwartungen an die Männer in meinem Leben entstanden, ganz zu schweigen von der Enttäuschung und Wut, die ich empfand, wenn meine Erwartungen nicht erfüllt wurden. Obwohl ich hart daran gearbeitet habe, diese Illusion aufrechtzuerhalten, wurde sie zerstört. Zum Glück! Männer sind Menschen, sie haben eine schwache und bedürftige Seite, genau wie Frauen.

In der Tat hatte ich auch viele Illusionen darüber, wie eine Frau zu sein hat. Diese Konzepte stammen aus vielen unterschiedlichen Bereichen – von meiner Konditionierung, meinem Umfeld, meiner Familie, den Überzeugungen und der Gesellschaft in der ich aufwuchs. Nichts und niemand ist Schuld daran, nur sehr viele Vorstellungen, die ich zum Glück imstande war zu hinterfragen, auf genau die gleiche Art, wie auch du es tun kannst.

Ich habe viel transformierende Arbeit an mir als Person vorgenommen, dann als Frau, denn ich habe den Körper einer Frau. Seit vielen Jahren beobachte ich meine brillanten Freundinnen, Kolleginnen und Klientinnen, wie sie sich bemühen, sie selbst zu sein, ihre angeborene Großartigkeit zu zeigen und sich voll und ganz der Welt zu beteiligen. Ich habe festgestellt, dass wir mit unseren Anstrengungen gesehen und gehört zu werden, nicht allein sind. Wir sind auch nicht allein, wenn wir in Freiheit und Wahrheit leben wollen. Also möchte ich dir hier etwas anbieten, das du nehmen und nutzen kannst.

In meinem täglichen Leben, außer dass ich Autorin bin, arbeite ich als Organisatorin und Workshop-Präsentatorin, Künstlerin und Coach. Ich helfe Menschen, die ihr Leben ändern wollen oder müssen. Die Gründe dafür können gesundheitliche Probleme, Verhaltensmuster, die immer wieder zu problematischen Situationen führen, oder Blockaden, deren Ursache unklar ist, sein. Es ist möglich, versteckte Probleme, die dein Leben sabotieren, aufzudecken und daran zu arbeiten.

Als Künstlerin benutze ich Werkzeuge, um Dinge aus neuen Sichtweisen zu betrachten. Dafür untersuche ich weibliche Themen und die Identität des Frauseins. Ich liebe die Untersuchung alltäglicher Gegenstände, meine Favoriten sind Haushaltsutensilien, Nylonstrumpfhosen und alte Fahrradschläuche. Die Beschäftigung mit alltäglichen Gebrauchsgegenständen ist die Suche nach dem Zusatzwert, der jenseits des auf den ersten Blick sichtbaren liegt. Ich untersuche unsere Beziehung zur Realität, das Bedürfnis, dem Alltag zu entfliehen, Distanz zu gewinnen und dorthin zurückzukommen. Die Suche nach Bedeutung in dem Gewöhnlichen ist auch eine Suche nach Identität. Womit wir uns umgeben, definiert unsere Existenz und zeigt uns, wer wir sind oder werden wollen. Dasselbe Konzept übernehme ich fürs Coaching und mein eigenes Leben, indem ich selbst auferlegte Begrenzungen, Konzepte und Überzeugungen hinterfrage.

Ich habe eine Leidenschaft für Menschen, sowohl männliche, als auch weibliche, aber ganz besonders für Frauen, mit all ihren Dilemmas und Schwierigkeiten, die das Leben in seiner Vielfalt und Unterschiedlichkeit mit sich bringt. Ich mag es, Frauen zu helfen, ihre innewohnende Stärke anzuerkennen, und die Themen, die an die Oberfläche geschwemmt werden abzufischen und in diesem Prozess zu bewältigen. Mit jedem Schritt vorwärts, sei es beruflich, für ein Projekt, eine Beziehung oder etwas anderes, können neue Themen aufkommen.

Wir leben in einer Zeit, die eine neue weibliche Denkweise verlangt. Dieses Leitbild oder Paradigma ist mehr als nur ein schönes, magisches Wort. Es ist wie eine Saga über die Jahrtausende alte Erfahrungen der Frauen. Weiblich - intuitiv, das Bauchgefühl, ist ganzheitlich, jedes Detail und doch das ausgerichtet, das Ganze in allem sehen, aus dem Herzen agieren, die rechte Gehirnhälfte nutzen, das Yin, wie es in der östlichen Tradition ist. Sie ist das Einbeziehen, das Nährende, das Loslassen von Kreativität auf einer permanenten Basis, und das in Verbindung Sein mit dem Mondzyklus, als auch gleichzeitig Wurzeln in der natürlichen Welt zu haben. Es ist die tiefe weibliche Seite, die uns innewohnt und uns mit dem ganzen Leben verbindet, die es ermöglicht, dass Frauen ihre angeborene Weisheit und Liebe erkennen. Es ist die Inanspruchnahme deiner Kraft, und die Erfahrung deines Lebens, ganz wie du es haben willst. Es ist Sein, anstatt Bedürftigkeit. Es ist das Loslassen von alten Ego-Strukturen und die Erhebung zu neuen Erfahrungen. Es ist ein ganz neues Verständnis davon, wie Frauen sich gegenseitig unterstützen und eine Welt schaffen können, wie sie sie haben wollen. Es ist das Mystische aus allen Traditionen durch die Zeiten hindurch.

Genau jetzt wird diese Idee des neuen weiblichen Paradigmas überall in der Welt von leitenden Frauen verstärkt, um die Apathie in der Welt zu überwinden. Sie arbeiten mit gleichgesinnten Seelen effektiv zusammen, räumen die Ursachen ihrer Ängste aus dem Weg, sagen, was sie denken und sind nicht aufzuhalten. Sie nutzen ihre Antriebskraft als einen aktiven Beitrag für die Weltgemeinschaft.

Wissenschaftler haben festgestellt, dass wir alle auf außergewöhnliche Art und Weise miteinander verbunden sind; von den Genen, die wir erben, über die Luft, die wir atmen, zu dem Bewusstsein, das wir teilen. Das Weltbild, in dem wir für das Überleben und für Frauenrechte kämpfen, weicht jetzt einem, in dem wir zusammenwirken, um aufzublühen und zu gedeihen. Seit Jahrhunderten wussten weise Menschen von diesen Zusammenhängen.

Sri Bhagavan, der Gründer der Oneness University, implizierte, dass die

Rolle der Frauen in dem goldenen Zeitalter die ist, Beziehungen in Ordnung zu bringen und die nächste Generation zu weiblichen Bewusstsein zu erziehen.

2009 sagte der Dalai Lama, dass *„die Welt durch die Frauen im Westen gerettet wird"*. Vermutlich ist dies eine sich selbst erfüllende Prophezeihung, die ganz leise die Revolution unterstützt, die in Haushalten, an Arbeitsplätzen, im privaten wie im öffentlichen Leben von Frauen angezettelt wird.

Sri Amma Bhagavan sagte:

> *„Frauen besitzen eine natürliche Wahrnehmung für Mitgefühl und Zuwendung. Wenn diese Qualitäten in ihr erweckt werden, hat sie die Kraft, die Welt zu transformieren."*

Wenn Frauen weltweit ihre Botschaft verbreiten, dann kann eine Kultur von Frieden und Wohlstand, Kreativität und Liebe geschaffen werden.

Das neue weibliche Leitbild ist mehr als ein Konzept, es ist unsere wahre Natur. Dorthin zurückzukehren und es anzunehmen, erzeugt bedeutende Veränderungen im Leben der Frauen. Sie werden sich selber auf einer tieferen Ebene erfahren, zu ihrer wahren Natur zurückkehren, ein Gefühl von nach Hause kommen und Zugehörigkeit spüren. All das für den Rest ihres Lebens bei sich tragen und so mehr Bewusstsein für die göttliche Weiblichkeit in die Welt bringen.

Es geht hier nicht nur darum, sich wohlzufühlen. Es geht darum, das neue weibliche Leitbild dein persönliches Leben einzubringen, in deine Familie, in die Gesellschaft und in die Welt. Es steht für die weibliche Verbindung zum Leben, die Schöpfungskraft mobilisiert Frauen, sich um das entstandene Leben zu kümmern. Das Leitbild steht für eine neue Kultur, die stark von Frauen beeinflusst wird, aber für die ganze Gesellschaft gilt. In den westlichen Ländern wurde das Rollenbild der Frauen bisher von Männern bestimmt, das neue Leitbild ist gesellschaftlich notwendig und wird politisch unterstützt (z.B. durch

Gleichstellungsgesetze, Teilhabe von allen Bevölkerungsgruppen – die größte bisher in vielen Bereichen unterrepräsentierte Gruppe sind Frauen). Die weiblich beeinflusste Gesellschaft achtet das Leben, sie kämpft nicht sondern ist kompromissbereit, nicht auf Eigennutz aus, sie achtet die Würde aller Menschen. Das hat auf alle Bereiche des privaten und öffentlichen Lebens Einfluss, auf Politik, Wirtschaft, Medien und Rechtsprechung.

Wie der Stammesälteste der Hopi sagte:

> „Die Zeit für den einsamen Wolf ist vorbei. Kommt zusammen! Verbannt das Wort „Kampf" aus eurer Einstellung und eurem Wortschatz. All das, was wir jetzt tun, muss auf eine heilige Art und Weise und in Zelebration geschehen."

Sich selbst zu begegnen und die eigene Stimme zu entdecken, ist ein Wachstumsprozess. Die Vergangenheit war die Phase, in der Talente entwickelt und Chancen genutzt wurden, die in der Gegenwart ermöglichen daraus das eigene Leben zu gestalten. Nelson Mandela hat dies gut formuliert. Er sagte:

> „Es gibt nichts Bewundernswertes darin klein zu spielen – darin ein Leben zu leben, das weniger bedeutsam ist, als das, zu dem man eigentlich im Stande wäre."

Alle Bemühungen, es anderen immer recht zu machen, sich anzupassen, das Spiel mitzuspielen, saugen genau so wie Schuldgefühle und Selbstvorwürfe Lebenskraft aus der Seele. Erst wenn man sich seiner inneren Großartigkeit bewusst wird, kann sich die äußere Größe entfalten.

Die Zeit ist gekommen, sanfter zu werden. Mach deinen Körper weich, dein Herz, deine Energie, deinen Verstand. Mach deine Gebärmutter weich, dort sitzt ein enormer Vorrat an wartender unangezapfter Magie.

Die Zeit ist gekommen, anzuerkennen, was du bereit bist zu sein, auch wenn du denkst, dass du noch nicht dafür bereit bist. Tief, ganz tief in dir drinnen weißt du schon, wofür du bereit bist. Dass du dieses Buch liest, ist ein Zeichen. Dein inneres Selbst wartet geduldig, bis du bereit bist, es zu entdecken. Es mag aber mit Schichten aus Angst oder selbstkritischen Gedanken zugedeckt sein, die dir bestimmt sagen, dass du noch nicht bereit bist – ob es für den neuen Job, für das Risiko einer Beziehung, die Rede zu halten oder was dich auch immer beschäftigt.

Du bist zu viel mehr bereit, als du denkst. Zum Beispiel wollte ich dieses Buch schreiben, und hatte die schlaue Idee, viele andere Frauen, deren Beiträge in der Welt ich wirklich schätze, zu fragen, ob sie Mitverfasserinnen dieses Projektes sein wollen. Diese Frauen sind eine große Inspiration für mein Leben. Diese Idee entpuppte sich als eine Vertuschung der Tatsache, dass ich mir selbst nicht zutraute, es allein zu tun, und ich bin froh, dass ich mir das eingestehen konnte. Ich erinnere mich, wie ich am Anfang dieses Projektes in meiner kreativen Luftblase schmorte; ich war mir sicher, dass es viele andere Frauen besser schreiben könnten als ich und sie auch noch einen besseren Beitrag leisten würden, als ich es je könnte. Eine andere kleine Stimme in meinem Kopf sagte, dass ich bereit war. Diese kleine Stimme mit meinen Träumen und Sehnsüchten.

Die meiste Zeit bist du dir deiner eigenen Großartigkeit nicht bewusst. Sie scheint so weit außer Reichweite zu sein. Wartest du darauf, dass jemand dich bestätigt, dich entdeckt oder vorantreibt? Wir alle gewöhnen uns daran, uns in unakzeptablen und unbequemen Bereichen unseres Lebens bequem zu fühlen. Es ist oft einfacher, im eigenen Dreck zu verharren, als den ersten Schritt zu machen, um daraus zu entkommen. Klarheit fängt im Tal der Verunsicherung an, daraus entkommt man nur, wenn man den Aufstieg aus den Berg der Erkenntnis beginnt. In vielfältiger Weise werden wir durch die Schwierigkeiten im Leben geführt, wenn wir hinfallen wird uns beim Aufstehen geholfen. Die Redensart ist bekannt, dass Zusammenbrüche im Leben immer kommen und notwendig sind, bevor ein Durchbruch stattfindet. Ich glaube, alle Menschen machen diese Erfahrung.

Noch ein Zitat von Nelson Mandela:

> *„Das Größte, was man erreichen kann, ist nicht, nie zu straucheln, sondern jedes Mal wieder aufzustehen."* 1995, „Long Walk to Freedom"

**Eine Einladung**

Ich lade dich ein, zu prüfen woran du erkennst, ob du für etwas Neues bereit bist. Versuche, diese Übung nicht mit deinem Verstand zu beantworten. Erlaube deinem Herz, dich zu leiten

Fange mit der Frage an warum du das, was du eines Tages machen willst, noch nicht machst. Bist du dafür noch nicht bereit? Warum nicht? Nimm dir einen Stift und schreibe alle Grunde auf; halte den Stift in Bewegung, dann wird dein Denken nicht einfrieren.

Dann stell dir die Frage "Ist das in Einklang mit meinen Träumen und Sehnsüchten?" zu jedem einzelnen Satz, den du aufgeschrieben hast.

Überspringe alle Punkte, die nicht mit deinen Träumen und Sehnsüchten übereinstimmen. Konzentriere dich auf die Dinge, die du mit ja beantwortet hast, und mache sie. Sie sind der Einstieg in das Mysterium des Seins, wo etwas entsteht, wächst und gedeiht oder sich erneuern kann. In deiner Bereitschaft, voll präsent zu sein und dich dem hinzugeben, worauf du mit Ja geantwortet hast, wird sich alles enthüllen und Gestalt annehmen. Die Informationen aus dem Universum helfen dir zu erkennen, was du für dein Wachstum brauchst. Der Fluss des Universums hat dich geformt; geh mit diesem Fluss und lebe damit. Je mehr Frauen die Großartigkeit in sich selbst erkennen und nutzen, umso großartiger wird die Welt werden.

**Das Weibliche**

Weibliche Gewohnheit ist es, das Leben auf eine Art anzunehmen, durch die die Haftung des Geistes gelockert wird und emotionale Drama wegfällt. Die Natur des Verstandes ist Angst, Zweifel und Beurteilung. Unser Verstand kreiert ständig einen Strom vorgestellter Worte, Töne und Bilder. Weibliche Gewohnheit ist das alles loszulassen und tiefer mit dem eigenen Innenleben verbunden zu sein.

Weibliches sehnt sich danach, offen und uneingeschränkt mit seinem ganzen Sein ins Leben hineinzutauchen. Es trennt Geist nicht von Materie, das Göttliche ist in ihm, nicht irgendwo an einem abstrakten Ort. Es weiß, es geht nicht um eine Vorstellung oder einen gesellschaftlichen Standard. Es geht mehr darum, für sich selber einzustehen, und durch die Knochen und das Herz zu atmen. Denn wenn es in dieser Realität und in diesem Bewusstsein atmet, wird es damit gehen, egal welche Herausforderung es trifft.

Und selbstverständlich wird es Herausforderungen geben. Trotzdem kann das Weibliche, die absolute Wahrheit und Kraft in ihm, immer in den Knochen und in der Verbindung zwischen den Füßen und der Erde gefühlt werden. Innerhalb von ihm wohnt ein immanenter Schöpfergeist, der von einer tiefen ehrlichen Wahrheit geführt wird. In seiner Wahrheit steckt Mut. Das Weibliche kann seine Wahrheit in der Verbindung mit dir aussprechen, es kann dir zuhören und du kannst seine Kraft spüren. Es versteht, dass keine Perfektion nötig ist, sondern Ganzheit. Das macht elegant, sexy und komplett vertrauenswürdig.

Die Entscheidungen von Frauen, die durch diese Zwiesprache gefallen sind, haben Auswirkungen auf alle Menschen um sie herum. Wäre es nicht toll, wenn wir alle diese Verkörperung erfahren könnten, und unserer inneren Wahrheit vertrauen könnten?

Du kennst die Antwort. Spüre einige Minuten in dich hinein.

**Herausforderungen**

Was sind die größten Herausforderungen, die du zur Zeit hast? Was frustriert dich? Was hält dich nachts wach? Was ist dir am wichtigsten? Das Leben ist kein Problem, das es zu lösen gibt. Es ist eine wunderbare Gelegenheit, an einem mysteriösen Tanz teilzuhaben, ohne zu wissen, worum es geht. Niemand weiß, was passieren wird, wenn Dinge anfangen sich zu verändern. Dennoch hast du vielleicht eine Vorstellung, was passieren könnte, wenn die Dinge sich verändern?

Es ist möglich, Muster aus deinem Leben, die dich nicht nähren, zu unterbrechen. Es ist möglich, herauszufinden, was dich einschränkt. Es ist möglich, negative Muster, die dich blockieren, loszuwerden. Was wünscht du dir? Wohin möchtest du gehen? Wovon möchtest du mehr in deinem Leben haben? Wovon möchtest du in deinem Leben weniger haben? Es besteht die Möglichkeit, den ersten Schritt jetzt zu gehen. Tropfen um Tropfen füllt sich stetig der Eimer. Veränderung vollziehen sich schrittweise. Das geschieht selten spontan, auch wenn das möglich ist. Du wirfst den Samen dort hinaus auf die Erde, und er sprießt früher oder später, vielleicht aber gar nicht, aber er kann definitiv nicht sprießen, wenn du ihn nicht auf die Erde hinauswirfst.

Dein Leben kann sich in so viele unterschiedliche Richtungen bewegen - es spielt keine Rolle, was sich bewegt. Ob du glaubst, dass es zufällig, arrangiert, deine eigene Entscheidung oder die göttliche Intelligenz ist, ist deine ganz persönliche Sache. Wichtig ist, dass du dich bewegst. Was auch immer du willst, gib die Richtung vor. Richte dich auf, den Blick auf Zukunft gerichtet, die Vergangenheit hinter dir. Lass die Vergangenheit, das Alte hinter dir los und mach dich davon frei. Frei für Veränderungen, die mit einem Schritt vorwärts beginnen. Nimm Zeichen wahr, sei offen für Chancen und beachte alles, was dich berührt. Das kann etwas ganz banales sein, ein Text den du in einem neuen Zusammenhang siehst, Worte oder Bilder, die du schon oft gehört hast, die du jetzt aber neu interpretierst. Wir werden später viele Möglichkeiten anschauen, wie du selber zu Veränderungen beitragen kannst.

Bist du bereit, dir ein Ziel zu setzen, ein Ziel das du erreichen möchtest? Mach das Ziel sichtbar, schreibe es auf Papier, auf Haftnotizen, trage es in die Welt hinaus. Klebe es auf deinen Badezimmerspiegel, auf deinen Kühlschrank, auf deinen Notebook-Bildschirm. Bewege dein Ziel aus der subtilen Ebene hinaus und präge es auf der Ebene der Manifestation, um zu sehen, wie du dich mit ihm entfaltest. Gib dir Raum, dein Ziel zu entwickeln.

In meiner Erfahrung gibt es drei Phasen, die wir mit der Manifestation von Neuem durchleben. Zuerst passiert es im Kopf, dann im Herzen und danach kann es sich wirklich manifestieren.

Es braucht Zeit, Gedanken zu sortieren und zu verstehen. Wenn diese Gedanken verstanden wurden, entwickelt sich daraus eine Herzensangelegenheit, die sich zum Kern deines Wesens, deiner Essenz entwickeln kann. Dann gehört es dir und ist Teil von dir und deinem Leben.

Dieses Buch ist ein Beispiel dafür. Es hat mit einer Idee angefangen, die ich bereitwillig annahm. Es wuchs in meinem Herzen, schlich sich in meine Gedanken und stieß mich im Alltag immer wieder auf Hinweise zum Thema. Ohne dass ich wirklich daran arbeitete entwickelte sich das Buch, es wurde ein Teil von mir und floss durch mich aufs Papier. Jetzt ist es zur Realität geworden.

**Der Kreis der Frauen**

Ein weiterer wichtiger Aspekt des neuen weiblichen Leitbilds ist die Gemeinschaft, in die wir hineingeboren werden. Unsere weibliche Gemeinschaft kann mit einem Brückenbogen aus Stein verglichen werden. Der Bogen würde zusammenstürzen, wenn die Steine sich nicht gegenseitig stützen. Jeder Stein ist wichtig, genau wie jedes Mitglied der Gemeinschaft wichtig ist, um sich gegenseitig zu unterstützen. Du musst nicht alles allein machen, zusammen sind wir stark.

Wenn Frauen zusammenkommen, wird viel mehr möglich. Frauen untereinander kreieren eine andere Art Reaktionsfreudigkeit, Subtilität, Aufnahmefähigkeit und Mitschöpfertum als in einer gemischten Gruppe. Es ist die Kraft der Schwesternschaft und des Kreises, des Stammes. Frauen aller einheimischer Gesellschaften versammeln sich seit tausenden von Jahren, um über ihr Leben zu reflektieren, emotionale Unterstützung zu erfahren, um gemeinsam kreativ zu sein, zu reden und einander zu unterstützen. Dies schließt Jungfrauen, Mütter und alte Frauen ein.

Jetzt wo die Kulturen sich verändert haben, die Verbindungen sind in hohem Maße verloren gegangen. Frauen müssen zusammenkommen und sich gegenseitig ermutigen, weil die Zeit wieder reif ist für eine andere Beziehung zum Leben und zueinander.

Ich habe bis jetzt viele Mentoren in meinem Leben gehabt. Es war immer jemand da, wenn ich eine Antwort, Hilfestellung, Trost oder Bemutterung brauchte. Das sind Frauen gewesen, die ich persönlich kannte oder auch nicht kannte. Sie waren manchmal aus einem höheren Reich, Frauen, deren subtile Anwesenheit ich stark spürte. Es gab viele Frauen, die ich auf meiner Reise bewunderte, die mich inspiriert und mich auf meinem Weg gefördert haben. Es besteht eine direkte Verbindung durch unsere Herzen, unser Verlangen nach Liebe und geliebt zu werden, ein bedeutungsvolles Leben zu leben und eine bessere und friedlichere Zukunft zu wollen.

Stell dir einen Kreis von Frauen vor, in dem Altes stirbt, Neues geboren wird, in dem sich etwas, das größer als Frieden ist, aus Verbindung, Stille, Frieden und Ruhe entwickeln kann. Ich würde sogar sagen, wenn wir unsere Verbindung und unsere Gesellschaft ehren können, können wir alles erreichen, können wir alles verändern, auch das, was unseren Planeten krank macht.

Ich möchte jetzt alle Mütter und Großmütter, alle Mentorinnen, erkennbare wie nicht erkennbare, einladen, dich zu unterstützen, während du dieses Buch liest. Das gleiche kannst du auch machen. Aus meiner Erfahrung gibt es unbegrenzte Unterstützung für dich von deinen Lehrerinnen, von allen Abstammungslinien, allen Kulturen, bekannten wie unbekannten. Gestatte dir, dich der Kraft der weisen Frau zu öffnen, und gestatte ihr, sich mit dir zu verbinden, dich zu inspirieren und Samen der Weisheit in dir zu säen.

Erinnere dich daran, egal wie alt du bist, dass Weisheit in deinen Knochen und in deinem Herzen steckt. Drücke dies auf deine einzigartige Weise aus. Du kannst sie von einem Berggipfel brüllen, wenn du magst, oder ins Ohr deiner Katze flüstern. Du kannst sie mit der Schwingung in deinen Hüften ausdrücken, mit einer sanften Berührung auf einen müden Nacken oder mit einer herzhaften Suppe an einem kalten, regnerischen Tag. Du kannst sie singen, malen, tanzen oder schreiben. Ganz egal, ob du dich danach sehnst oder ihm widerstehst, ob du Feuer und Flamme dafür bist oder sie bezweifelst; du solltest dich mal mit deiner einzigartigen Gabe, deiner Stimme, deiner eigenen Wahrheit und deiner ganz eigenen Essenz spüren.

Du hast die Wahl. Wenn du es vorziehst, weiter zu leiden, gibt es auch dafür Unterstützung. Es gibt kein Richtig oder Falsch. Es gibt auf beiden Seiten Unterstützung. Woran willst du beteiligt sein? Wozu sagst du Ja? Wozu sagst du Nein? Wonach ersehnst du dich, etwas anders zu machen? Indem du deine Aufmerksamkeit und deine Intention darauf fokussierst, wirst du dich in die Richtung bewegen. Du erschaffst dein eigenes Spiel und du veränderst dein Spiel und die Spielregeln. Warum einen Kompromiss schließen, wenn du ein wenig mehr Esprit in dein Leben bringen kannst?

Lass uns weitergehen und uns näher anschauen, was wir alle tun können, um in dieses neue Leitbild einzutreten. Reise mit deinem Herzen; jeder Schritt, den du gehst, wird ein Schritt in die Freiheit sein!

## Mitgefühl und Bewusstsein

Es gibt niemanden wie dich. Du bist einzigartig.

Dich selbst zu lieben und zu akzeptieren, genau so wie du bist, ist das Treibmittel für deine Transformation. Von diesem Standpunkt aus ist alles möglich.

Ich habe sechsundvierzig Jahre gewartet, um dies zu tun. Ich las Dutzende von Büchern und habe Stunden um Stunden mit Workshops und Verabredungen mit Menschen verbracht, in meinem Versuch, das Geheimnis von Selbstliebe und -akzeptanz zu lernen. Ich suchte eine Antwort auf die Sehnsucht in meinem Herzen. Vielleicht kennst auch du diese Sehnsucht?

Viele Menschen kämpfen mit Selbstliebe und -akzeptanz. Tatsache ist, dass jedermann auf irgendeiner Ebene damit zu kämpfen hat. Es ist ein menschliches Dilemma. Wir fragen uns alle, ob das, woraus wir gemacht sind, genügt. Können wir diese Traumata, dieses Leben, diesen Kampf, diese momentane Belastung, was immer es sein mag, überstehen?

Die Antwort ist nichts, was du dort draußen in der Welt finden wirst. Viel mehr musst du im Innern suchen. Es ist eine Frage, die nur du beantworten kannst. Lange habe ich das missverstanden.

Geboren als Mädchen zwischen zwei Jungs, war ich immer nur „eine von den Jungs". Ich habe nie wirklich gespürt, dass ich gesehen wurde als das, was ich bin – ein Mädchen. Ich bin neben den Jungs hergelaufen, spielte mit den Jungs und die Seite des kleinen Mädchens in mir wurde total vernachlässigt. Ich hatte keine Freundin zum Spielen. Also habe ich mich letztendlich in meine eigene Welt zurückgezogen, ich spielte mit meiner Katze und entwickelte meine intuitive und kreative Seite, was, wenn ich jetzt zurückschaue, sein sollte.

Erst, als ich anfing, Journey-Arbeit zu machen, eine von Brandon Bays entwickelte Selbsthilfe-Methode, begann ich wahrzunehmen, wie viel ich von mir selber verdrängt hatte, wie ich unbewusst gelitten hatte und wie die Unterdrückung meiner Weiblichkeit meinen Selbstwert angeknackst hatte, die Fähigkeit weiblich zu sein, und alles, was dazu gehört verringerte.

Als ich an einem Seminar exklusiv für Frauen teilnahm, was das befreiendste ist, das mir je geschah, wurde mir auf einmal so Vieles sonnenklar, dass ich über den Verlust so vieler Jahre, während derer ich meiner weiblichen Seite keinen Raum erlaubt hatte, weinte und weinte. Ich weinte über den frühzeitigen Verlust meiner Mutter, die ich so sehr vermisse. Ich hatte so viele Illusionen darüber, wie Frauen eigentlich zu sein haben. Mit ganz viel äußerst schmerzhafter enthüllender Arbeit, auch Prozessarbeit zu diesen Themen, kam eine komplett andere Seite von mir zum Vorschein, die sich weiterentwickelte. Ich wollte nicht länger Mitglied des Männerklubs sein. Ich fand Stärke in dem Klub der Frauen.

Ich spürte eine mächtige Energie in mir, die vorher nicht vorhanden war. Ich spürte Mitgefühl für mich, das viel größer war als die Härte, die ich mir gegenüber immer spürte. Ein Schwall der Kreativität überkam mich, es war unmöglich, damit aufzuhören. Sie musste einfach raus. Ich stand in Verbindung mit den erstaunlichsten Frauen, die immer noch in meinem Leben sind, wofür ich äußerst dankbar bin. Ich fing an, mit Frauen, für Frauen und selber als Frau zu arbeiten.

Es hört sich so an, als ob alles so schnell passierte, es hat aber zehn

Jahre gedauert, um dahin zu kommen, wo ich jetzt bin. Und es bleibt ein anhaltender Prozess. Ich weiß nicht warum, aber als ich anfing mich als Frau, mit allem was ich bin, zu behaupten, als ich mich selber akzeptierte und mich selber lieben lernte, veränderte sich alles. Vielleicht war es so, weil ich jetzt meine eigene authentische Identität kenne. Ich glaube, dass wir alle darauf warten, diejenige zu werden, die wir eigentlich sind. Ich glaube, dass du die Schichten abstreifen kannst, um diese Frau mit all ihrer Stärke, Weisheit und kostbaren Gaben zu finden, die nur darauf wartet, in die Welt zu gehen.

Hafiz, einer der bekanntesten persischen Dichter, schrieb:

> *„Ich wünschte, ich könnte dir, wenn du einsam oder in der Dunkelheit bist, das erstaunliche Licht deines eigenen Seins zeigen."*

Ich möchte für dich, dass du deine eigene innere Stärke anerkennen kannst. Das ist die ermächtigte Version von dir; sie ist die Schöpferin in dir, die Frau, die alles als Geschenk betrachtet, alles als dienend, alles als gut. Sie ist die Frau, die Umstände für sich schafft, damit sie erwachen und ihr Bewusstsein verfeinern und tönen kann. Sie sieht die Dinge auf eine unpersönliche Weise. Sie klammert sich nicht mehr an bestimmten Dingen, sie geht mit dem Fluss und entfaltet ihr Bewusstsein. Sie ist präsent, atmet durch ihre Knochen und ihr Herz, sie lebt in der Realität. Egal auf welche Herausforderung sie trifft, sie wird sie meistern und sie wird unterstützt werden.

In jeder von euch gibt es etwas, das wartet und nach dem Ton der Wahrhaftigkeit in euch horcht. Das ist die innere Wahrheit, die euch ruft. Es ist die einzige wahre Führung, die ihr je haben werdet, und wenn ihr sie nicht hören und spüren könnt, verschwendet ihr eure Tage ohne eigene wahrhaftige Führung.

Wir neigen dazu zu unterschätzen, wie stark und belastbar wir Frauen sind. Ich möchte gerne, dass du aufhörst darum zu bitten, dass es für dich einfacher wird; bitte anstelle darum, dass du stärker und überzeugender wirst. Wir alle haben zwei grundlegende motivierende Kräfte, nämlich Angst und Liebe. Diese Kräfte treiben uns durch das Leben und beeinflussen alles, was wir tun und entscheiden.

Wenn du Angst hast, ziehst du dich vom Leben zurück. Aber wenn du liebst, öffnest du dich mit Leidenschaft, Aufregung und Akzeptanz für alles, was dir das Leben anbietet. Als erstes musst du lernen, dich selbst zu lieben, in all deiner Weiblichkeit und mit all deinen Fehler und Unvollkommenheiten. Wenn du dich selbst nicht lieben kannst, kannst du dich nicht voll und ganz deinem Schaffungspotenzial oder deiner Fähigkeit, andere wirklich zu lieben, öffen, noch wirst du das Leben voll und ganz genießen können.

**Offene Geheimnisse**

Lass uns zuerst einen Blick auf die offenen Geheimnisse werfen, die wir teilen. Wir alle versuchen Geheimnisse über uns selbst zu verheimlichen, die keine großen, schlimmen Geheimnisse sind, sondern eher von einer subtileren und weit verbreiteteren Art. Du weißt, wie es ist, wenn du eine Bekannte auf der Straße triffst und gefragt wirst, „Wie geht's dir?" Normalerweise antwortest du, „Danke, gut!"

Und sie fragt dich weiter, wie es den Kindern geht, wie deine Arbeit läuft, und du antwortest höchstwahrscheinlich mit einer positiven Anmerkung. Jetzt bist du dran, sie zu fragen, wie es ihr geht, und so setzt sich das Geplauder fort, ein ganz harmloser Austausch, wie du ihn wohl jeden Tag hast. Aber es ist keine richtige Darstellung deines tatsächlichen Lebens.

Normalerweise sagst du nicht, dass dir deine Arbeit sinnlos vorkommt, dass eines deiner Kinder nicht so gut in der Schule ist, dass du Schwierigkeiten in deiner Ehe hast oder etwas ähnliches. Es ist, als ob du dich schämen würdest, die unschönen Einzelheiten mit ihr durchzukauen. Vielleicht kennt ihr euch nicht gut genug, vielleicht willst du dein Ansehen bewahren, vielleicht willst du dich nicht traurig, enttäuscht, schwach oder egoistisch fühlen. Also behältst du lieber alles für dich. Warum solltest du dreckige Wäsche waschen? Sie hat dich schließlich nur gefragt, wie es dir geht.

Menschen gehen ihren Weg und denken, „Sie hat alles im Griff" und wundern sich „Wie kommt es, dass ihr Leben so gut funktioniert? Was ist mit mir los?"

Der heimliche Schmerz verharrt in unseren Herzen und verändert sich. Unser Schmerz und unsere Angst werden zusammen mit unseren Sehnsüchten zu Wettbewerb, Verfremdung und Neid. Das sind keine Geheimnisse, das sind Geschichten, die wir alle haben. Ich kann ein Feigling sein, entsetzliche Gedanken verbergen, Trübsal über Dinge blasen, die nicht so laufen, wie ich möchte, genau wie du. Ich mache mir immer noch Sorgen und ärgere mich, genau wie du, obwohl ich weiß, dass ich das, was geschieht, nicht kontrollieren kann. Ich fühle mich manchmal überwältigt, ich sehne mich ab und zu nach etwas in meinem Leben, das ich nicht einmal benennen kann.

Wir erweisen einander einen schlechten Dienst, wenn wir all diese Geheimnisse voreinander verbergen. Und oftmals kannst du aus einem Hallo den Schmerz der Sprecherin heraushören.

## Mitgefühl/Verletzbarkeit

Wir alle sind verletzbare Wesen, wir fühlen uns alle manchmal unsicher. Wir brauchen alle Verbindung und Bestätigung. Verletzlichkeit offenzulegen ist Stärke, nicht Schwäche.

Was sollen wir tun? Öffne die Tür langsam zu deinem geheimen Selbst. Schau, was passiert, wenn du einen Blick in Würde auf dich selbst wirfst. Du wirst eine stetige Quelle von Mitgefühl für dich und für andere finden. Wenn ihr euch von Herz zu Herz trefft, ohne eure alltäglichen Masken, ungeschützt und verletzbar, gibst du anderen die Erlaubnis, die Bürden, die sie mit sich schleppen, loszulassen und dem Gefühl der Verlegenheit standhalten. Darin liegt eine große Stärke. Ihr nehmt die Schleier weg, die euch beschützen, um das wahre Selbst zu zeigen. Doch die Welt muss wissen, wer du bist – du bist sicher, wir sind sicher, wir haben Weisheit, wir haben Achtsamkeit, wir haben Stärke und es gibt Liebe. Also zeige sie dir, zeige sie anderen, lass sie durch deine Augen, durch dein Lächeln und deine Worte strahlen. Spüre dich selbst, nimm dir einen Moment Zeit, um deinem zarten und mächtigen Herz zuzuhören. Sei mitfühlend mit dir und schmelze zurück in deine ganz eigene Essenz.

Teile es einer Frau mit, wenn du denkst, dass sie toll ist! Versprühe Komplimente, das macht so eine Freude. Die Wahrheit zu teilen gibt anderen die Erlaubnis, sich zu erheben.

**Mitfühlendes Bewusstsein**

Rumi sagte:

> *„Es gibt eine Stimme, die keine Worte verwendet. Hör ihr zu."*

Wenn du anfängst, nach innen zu gehen, wirst du anfangen, deine Sinne bewusst wahrzunehmen. Du hörst, riechst und fühlst viel intensiver. Dein Körper erwacht. Du kannst mit einem anderen Menschen durch Körpersprache kommunizieren, du bist dir deine Stimme und deren Stimme mehr bewusst, du kannst deren Energie bewusster wahrnehmen. Versuche nichts zu tun und werde dir der Präsenz deines Körpers bewusst, deiner Emotionen, Gedanken, Taten und jeglichen Leides, das du bemerkst.

Mitgefühl für sich selbst erfordert, sich des Leides unseres Körpers, unserer Emotionen, Gedanken und Taten bewusst zu werden. Mitgefühl ist das natürliche und spontane Gefühl, das aufkommt, wenn man Zeuge von Leid wird. Es ist Mitgefühl, das deine Handlung auslöst, um Leid zu lindern.

Es hört sich einfach an, aber Mitgefühl für dich selbst zu haben, kann schwieriger sein, als es sich anhört. Dennoch trägt es viel zu heilsamen physischen, emotionalen und zwischenmenschlichen Veränderungen bei. Vor allem erhöht es das emotionale Wohlbefinden und hilft dir, mit schwierigen emotionalen Erfahrungen umzugehen. Es kann helfen, Stress zu reduzieren, Angst und Depressionen zu mildern, es gibt dir eine positivere Perspektive, verbessert zwischenmenschliche Beziehungen, reguliert sogar hormonelle Funktionen und fördert obendrein Großzügigkeit, Geduld, Dankbarkeit, Offenheit, Demut und Güte.

Die Entwicklung von Mitgefühl für andere und für dich selbst erzeugt Akzeptanz für deine Menschlichkeit und die Menschlichkeit anderer, was eine lebenswichtige Fähigkeit ist. Sie kann zur Gewohnheit gemacht werden, auch wenn sie nur eine Minute täglich praktiziert wird, ob bei der Arbeit, zu Hause, alleine oder zusammen mit anderen Menschen. Jederzeit wenn du das Gefühl hast, du brauchst ein wenig mehr Mitgefühl, nimm dir einen Moment Zeit, dein Bewusstsein auf dich selbst zu fokussieren, vielleicht sogar auf einen bestimmten Körperteil, falls er es nötig hat, oder auf jemand anderen. Biete Mitgefühl und liebevolle Zuwendung, indem du Sicherheit, Wohlbefinden und Erleichterung gibst. Das verschiebt dein Bewusstsein in Mitgefühl, und ist eine schöne Art, die Beziehung zu deinem eigenen Körper zu heilen. Es hilft dir, die Wohlfühl-emotionen zu erfahren – ein unglaubliches Gefühl von dir selbst. Es hilft dir auch, die Brille, durch die du dich selbst und die Welt siehst, zu entschleiern. Es erlaubt dir, deine angeborene Schönheit zu erkennen und zu spüren.

So oft bin ich zu hart mit mir selbst umgegangen, weil ich meine selbstauferlegten Ziele nicht erreicht habe! So oft habe ich unter meinem eigenen mangelnden Mitgefühl für das, was ich mache, gelitten. Es macht mich traurig, zurückzuschauen und darüber nachzudenken.

Ich habe gehört, dass die Augen einer Schlange getrübt werden, bevor sie sich häutet. Falls du irgendeine Trübsal fühlst oder Angst davor hast, das Recht zu beanspruchen, du selbst zu sein und dich mit all deiner Selbstliebe und deinem Mitgefühl auszudrücken, dein wahres Genie anzunehmen, nimm das als Zeichen, dass es nun Zeit ist, dich zu häuten und das abzuwerfen, was dich hindert, das zu sein, wofür du auf die Erde gekommen bist.

Dich zu häuten fordert dich auf, alte Überzeugungen abzuwerfen – wozu wir später noch kommen werden - verlangt Mut, Liebe und tiefe Bereitschaft, deinen Wert, deine Stärke und deine Großartigkeit zurückzufordern. Dich von dem, was dir nicht länger dient und bei dir keiner Anklang mehr findet, zu befreien, bedeutet, dir selber die Erlaubnis zu geben, heller zu sein als deine Ängste, und pure Liebe und Mitgefühl in einer Krise zu zeigen.

Wir können uns gegenseitig helfen. Oft findet das Herz einen Weg, etwas zu übermitteln, was wir nicht gleich verstehen. Wenn du mit dem Herzen siehst, dass eine Frau großartig ist, dann sag es ihr. Lass sie wissen, was für eine Großartigkeit du in ihr siehst und warum das so besonders ist. Fordere sie zu größerer Führung und Aktion auf. Lass sie wissen, dass sie bereit sind, sich zu entwickeln. Ermutige sie und lass sie wissen, dass sie in der Welt gebraucht werden. Je mehr du das tust, was zu tun dir bestimmt ist, desto bedeutungsvoller wird dein Leben.

**Mut**

Es erfordert Mut, sich zu verändern. Es erfordert Mut, nach dem zu streben, was von Bedeutung ist. Es erfordert Mut, mit einer kompromisslosen Haltung weiterzumachen, wenn es schwierig wird und innere wie äußere Hindernisse im Weg stehen. Es erfordert Mut, Ängste und Zweifel ins Auge zu sehen.

Um den erforderlichen Mut aufzubringen, braucht es Bewusstsein und kühne Entscheidungen. Wenn Mut ins Spiel kommt, wirst du mit einem Gefühl von Lebendigkeit und Freiheit belohnt. Je mehr Kühnheit du spürst, umso mehr Selbstbewusstsein, Stärke und Selbstvertrauen wirst du entdecken. Du wirst dich für eine Welt voller neuer Möglichkeiten öffnen.

Wir sind alle unterschiedlich; was für mich mutig scheint, mag für dich eine leichte Übung sein. Für manche wäre es wagemutig, eine Yoga-Kurs zu beginnen, für andere würde ein Urlaub alleine viele Themen, vielleicht Ängste und Zweifel, zum Vorschein bringen. Du entscheidest für dich, was du wagst. Wenn du deine Mut-Muskeln aufbaust, sei es auch in kleinen, alltäglichen Schritten, bereitest du dich auf noch größere Sprünge im Leben vor.

Im Jahr 2014 erhielt Malala Yousafzai als jüngster Mensch aller Zeiten im Alter von siebzehn Jahren den Friedensnobelpreis für ihren Mut. Sie ist eine sehr mutige junge Frau und eine Verfechterin der universellen Bildung und Rechte für Mädchen. Malala wurde aufgrund ihres wagemutigen Aktivismus das Ziel der Taliban, die im Oktober 2012 ihren Schulbus gestürmt und auf sie und zwei weitere andere Mädchen geschossen haben. Nach der Schießerei wurde Malala aus ihrer Heimat nach Großbritannien geflogen, um sich zu erholen. Malala geht jetzt wieder zur Schule und setzt ihre Kampagne für das Recht auf Bildung eines jeden Kindes fort. Sie spricht aus ihrem Herzen. Das ist mächtig. Wenn du ihr zuhörst, kannst du spüren, welche wahre Kraft aus ihrer inneren Welt kommt, die für einen großen Nutzen eingesetzt werden kann. Ihr Mut scheint unermüdlich, ihre Inspiration auffallend und ihre Worte eindringlich zu sein. In ihrer Rede bei der Preisverleihung sagte sie:

> *„Diese Auszeichnung ist nicht nur für mich. Sie ist für die vergessenen Kinder, die Bildung wollen. Sie ist für die*

*verängstigten Kinder, die Frieden wollen. Sie ist für die stimmlosen Kinder, die Veränderung wollen. Ich stehe hier für ihr Recht, ihre Stimme zu erheben. Es ist nicht die Zeit, sie zu bedauern. Es ist die Zeit, Maßnahmen zu ergreifen, damit es das letzte Mal ist, dass einem Kind Bildung vorenthalten wird."*

**Eine Einladung**

Ich lade dich nun ein, dir etwas persönliches vorzustellen, an dem du deine eigene Stärke nie gespürt hast – es könnte z.B zu Hause oder bei der Arbeit sein, in einer Beziehung, mit Kindern, oder etwas anderes für dich. Erlaube dir, in das Misstrauen und Missverständnis in deinem Körper und in deiner Wahrheit hineinzuspüren. Fühle, wie losgelöst du bist. Stelle eine Verbindung mit deiner Lebensenergie wieder her, zu dem Teil von dir, der smart, sexy und total vertrauenswürdig ist.

Schließe deine Augen für einen Moment, werde ruhig. Atme ein, lass deinen Atem ganz natürlich kommen, und während das geschieht, spüre die Kraft in deinem Atem. Erlaube deinem Atem, dich aufzuwecken und deinen Körper zu zentrieren. Atme weiter. Das ist die Kraft der weisen Frau, die in dir lebt und dir hilft. Spüre sie in deinem Körper, lege deine Hand auf dein Herz. Dort hast du Zugang zu dem Ort in dir, an dem die Wahrheit gesprochen wird. Atme weiter und nimm Kontakt mit der Weisheit in dir auf. Richte dich auf und stehe für deine eigene Wahrheit und für deine positive Kraft.

Jetzt stell dir ein Bereich in deinem Leben vor, in dem du absolute Freiheit und Wahrheit spüren möchtest. Bleibe für ein paar Minuten in dieser Vorstellung. Du hast nichts zu verlieren, wenn die Wahrheit zu dir und durch dich spricht. Höre zu und spüre ihre Kraft. Die Wahrheit hat dir gelernt, Erwartungen loszulassen. Sie versteht es, dass das Ziel nicht Perfektion, sondern Ganzheit ist. Bringe sie zum Ausdruck, egal wie alt du bist, und erlaube ihr, in dein Bewusstsein überzugehen. Schau, wie aufrecht du stehst und durch deine Knochen und dein Herz atmest. Atme in diese Realität und in dieses Bewusstsein hinein. Verkörpere die Frau in dir voll und ganz und setze dein inneres Genie frei. Sei dir bewusst, dass es zu dir gehört, egal welcher Herausforderung du begegnest.

## Kreativität

Dr. Deepak Chopra, Autor und Ayurvedischer Arzt, hat einmal klugerweise gesagt, dass das Kreativste, was du machen wirst, ist dich selber zu kreieren.

Kreativität ist die Fähigkeit, Lösungen für Probleme oder neue Ausdrucksformen zu finden. Das ist in unserem persönlichen und professionellen Leben notwendig, denn Probleme kann man nicht mit der alten Energie lösen, durch die sie entstanden sind.

Als ich klein war, hielt ich mich am liebsten in meiner eigenen Welt auf. Ich malte und schnitt Sachen aus Papier und Zeitschriften aus. Die Freundinnen meiner Mutter kommentierten, wie perfekt ich das konnte. Aber irgendwie wurde kreativ sein in meiner Umgebung nicht als eine lohnenswerte Zeitbeschäftigung angesehen. Kreativ sein war nicht wirklich als Tätigkeit in der damals unsicheren Situation in Nordirland akzeptiert. Es war erstrebenswert, zumindest finanzielle Sicherheit haben zu können. Da blieb ihnen keine Zeit für Kunst und Kultur. Ich möchte meine Familie hier in keiner Weise anklagen, sie waren bodenständige Geschäftsleute.

In der Schule hätte ich gern Kunst als Fach in der oberen Stufe gewählt. Stattdessen wählte ich Mathematik und Computerwissenschaft, weil ich dachte, damit nach der Schule meinen Lebensunterhalt eher verdienen zu können. Ich habe meinen kreativen Drang zu dieser Zeit aus mein

Leben völlig verdrängt und beneidete diejenigen, die mit der Kunst weitermachten.

Nachdem ich die Schule verlassen hatte, arbeitete ich in einem Versicherungsbüro, was mich aber total unglücklich machte. Ich lernte meinen Mann kennen, der aus einem anderen Land kam, und entschloss letztendlich mein Heimatland zu verlassen, um mit ihm zusammen zu sein. Zu meinem Glück erkannte er meinen kreativen Geist, und er drängte mich, mich an der Kunsthochschule zu bewerben. Zu meiner großen Freude wurde ich akzeptiert, und ich befand mich im Studium des Kommunikationsdesigns. Später, als ich meine Kindern bekommen hatte, wurde ich zusätzlich Journey Practitioner (nach Brandon Bays). Seitdem habe ich von meinem künstlerischen Weg viele Hindernisse, die in meiner Kindheit zustande kamen, weggeräumt.

Kreativ sein bedeutet nicht unbedingt, dass man als Künstler, Autor, Designer oder in einer anderen künstlerischen Branche tätig sein muss. Kreativität ist mehr eine Qualität, die überhaupt nichts mit einer bestimmten Aktivität zu tun hat. Du kannst ein Maler sein, und nicht sehr kreativ. Du kannst auch singen wenn du nicht kreativ bist. Mit ein wenig Vorstellungskraft kannst du den Boden auf zahllose Arten putzen, von denen manche komisch aussehen mögen, und ganz ehrlich, wenn du möchtest, kannst du extrem kreativ kochen.

Es gibt eine unterschwellige, den Menschen innewohnende kreative Kraft, die jedes Leben durchzieht. Kreativität ist die natürliche Ordnung des Lebens. Leben ist Energie; reine kreative Energie. Und Schöpfung kann ganz mühelos sein. Wirf einen Blick nach draußen – die Kraft der Schöpfung in der Natur entfaltet sich ganz ohne Anstrengung. Blumen erblühen wie durch ein Wunder, Gras wächst, ohne dass es aus der Erde gezogen werden muss. Diese Art der Kreativität ist genau dieselbe, die auch in dir existiert. Für mich ist Kreativität eine spirituelle Sache. Meine Definition von Spiritualität: Sie ist der große, von Herzen kommende Impuls, Gutes zu tun; eine Art moralische Absicht, die von der Einsicht der Unantastbarkeit und Verbundenheit allen Lebens kommt.

Deine kreativen Träume und Sehnsüchte entstammen einer heiligen Quelle. Du wirst gezogen, und während du deinen Träumen näher kommst, bewegst du dich näher zu deiner eigenen Göttlichkeit. Zum Zeitpunkt deines Veränderungsprozesses, findet in deinem Körper ein biologischer Prozess statt.

Hast du je darum gekämpft, Veränderungen in deinem Leben herbeizuführen? Die Antwort ist vermutlich, wenn nicht definitiv, ja. Wusstest du, dass deine Probleme, einem Zustand eingeengten Bewusstseins entspringen? Das bringt uns wieder zur Spiritualität. Alle Probleme, glaube ich, haben eine spirituelle Lösung. Wenn du also in einem Zustand eingeengten Bewusstseins bist, limitierst du dich selber mit Geschichten, Glaubenssätzen, Überzeugungen, Visionen und Erwartungen. Das erzeugt Angst und du mühst dich ab. Auf der anderen Seite, wenn du in einem Zustand erweiterten Bewusstseins bist, wo du keine konzeptionellen Grenzen hast, wo du dich nicht mehr eingeengt und ängstlich fühlst, wirst du automatisch zu reiner Kreativität finden. Neue Ideen haben hier Raum um zu wachsen.

Also können deine Lösungen gefunden werden, indem du dein Bewusstsein auf mehr als das eigentliche Problem konzentrierst. Klingt einfach, nicht wahr? Wenn du dir erlaubst, von deinem wahren Selbst geführt zu werden, von dem Teil von dir, in dem Weisheit, Klarheit und innerer Frieden wohnen, wirst du herausfinden, dass es ein Gefühl von Verbundenheit mit allem gibt. Antworten werden spontan zu dir kommen. Dein Wesen wird offen sein, die Antworten zu empfangen und es wird keinen Widerstand geben. Die ganze Welt wird dein Spielplatz sein und du wirst dein Bewusstsein erweitern.

Ich ziehe es vor, meine eigene Spielregeln aufzustellen, mein Leben zu leben, wie ich es möchte, und mich darin zu vertiefen. Das ist eine Spiegelung meiner Vorgehensweisen und mein Zugang zur kreativen Lebensenergie. Ich bin verpflichtet, in der mystischen Bewegung, die alles kreiert, tief verwurzelt zu bleiben. Wir sind alle direkt an die kreative Kraft angeschlossen, die auch Bäume erschafft und Planeten bewegt.

**Der kreative Prozess**

Ein kreativer Prozess kann in die folgenden Bereiche eingeteilt werden:

- die Identität eines Problems
- die Vorbereitung
- die Entwicklung von Ideen
- die Auswertung der Ideen
- die Kommunikation der Ideen
- eine kreative Lösung

**Der Zyklus der Kreativität**

Der Zyklus der Kreativität ist anders. Er findet in dir statt und kann dann durch dich fließen. Er kann in vier Bereiche eingeteilt werden:

- der Reifeprozess
- der Anfang
- der Fluss
- die Vollendung

Sie werden hier erläutert.

**Der Reifeprozess**

Kreativität, wie das menschliche Leben selbst, beginnt in der Dunkelheit und Leere, in der Tiefe des Bewusstseins. Genau wie ein Baby neun Monate in der Gebärmutter braucht, um zu wachsen und heranzureifen, brauchen auch gescheite Ideen einen Reifeprozess. Wir wissen, dass es nicht besonders gesund ist, wenn Kinder frühzeitig geboren werden. Es ist auch nicht gut, wenn Ideen vor ihrer Zeit auf die Welt kommen. Es braucht Geduld, etwas Neues organisch wachsen zu lassen. Der kreative Prozess ist ein Prozess der Hingabe, nicht der Kontrolle. Wenn du dich entspannst, bekommst du Ideen, wie bei mir öfters unter der Dusche, während eines Spaziergangs oder auch während des Bügelns. Bei diesen Tätigkeiten muss ich nicht denken und mein Verstand schaltet sich dann ab.

**Der Anfang**

Was ich spüre, wenn eine Idee geboren werden möchte, ist ein kreativer Drang, den nichts und niemand zurückhalten kann. Er sprudelt hoch und aus mir heraus in der Art und Weise, in der er sich auszudrücken vermag. Viele Menschen aus meinem kreativen Freundeskreis berichten Ähnliches.

Kreativität ist der Duft individueller Freiheit. Der kreative Schwall ist mit der Persönlichkeit desjenigen aromatisiert, durch den er fließt. Ein kreativer Mensch sieht Dinge, die niemand vor ihm gesehen hat, und hört Dinge, die niemand vor ihm gehört hat. So kann wahre Kreativität zustande kommen und etwas ins Leben geboren werden. Das setzt Aufnahmefähigkeit und hochgradiges Vertrauen in dich selbst und in deine innere Führung voraus. Je authentischer du bist, desto mehr Einzigartiges wird verwirklicht.

**Der Fluss**

Mysterium und Überraschung sind die Kernstücke der Kreativität. Der eigentliche Fluss der Kreativität stammt aus einer unendlichen Quelle. Der Prozess, ein kreativer Kanal zu sein, ist angenehm. Gedanken, die du hast, sind eigentlich nicht deine Gedanken; sie sind wie Vögel, die über den Himmel deines Bewusstseins fliegen. Also ist es wichtig, deine Gefühle und deinen Körper wahrzunehmen. Etwas viel Größeres als du ist imstande durch dich zu geschehen, wenn du loslässt und dir erlaubst, die kreative Energie durch dich fließen zu lassen. Es sollte nicht wie Arbeit sein, es ist wie ein Spiel. Im Fluss weißt du, dass du ausreichend bist, dass alles möglich ist. Es fühlt sich zeitlos an, tatsächlich verlierst du das Zeitgefühl, während du im Fluss bist. Kontrolle ist nicht nötig. Es ist ein Daseinszustand, in dem Magie anscheinend mühelos passiert und du dich leidenschaftlich und lebendig fühlst.

**Die Fertigstellung**

Die Fertigstellung einer kreativen Handlung bringt ein Gefühl von Befriedigung mit sich. Wenn du fertig bist, hast du das Gefühl, das getan zu haben, was du tun wolltest. Energie ist durch dich geflossen, die anders ist als alles Andere und dennoch ein Teil von dir zu sein scheint.

**Dein Prozess**

Vielleicht ist die Zeit reif, aus dir herauszukommen, etwas Anderes, Frisches und Neues auszuprobieren, eventuell sogar etwas ein wenig Unheimliches oder Unerwartetes? Hast du in letzter Zeit oder seit langem einen Teil von dir zurückgehalten? Vielleicht ist die Zeit für dich gekommen, dass du dich entscheidest, mit deinem ganzen Sein voll und ganz im Leben eingebunden zu sein.

Wenn man kreativ ist, ist es so wichtig, seine eigene Kultur in neuer Art und Weise zu zelebrieren. Es gibt überall Schöpfer, die mit Leib und Seele dabei sind, die Kunst beherrschen auf viel bewussteren Wegen zu gehen. Es gibt so viel zu entdecken. Ich mag gern Inspiration aus unterschiedlichen kulturellen Quellen bekommen; es fördert die Erweiterung meines Horizonts und hilft mir, meine eingeschränkten Denkweisen und traditionelle Planung zu durchbrechen. Musik ist der stille Partner in all meinen Projekten. Bestimmte Lieder helfen mir dorthin zu kommen, wo ich hin möchte. Musik, die aus der Tiefe der Seele kommt, berührt einen Teil von mir so tief, dass sie meinen Geist in die Höhe heben kann, mich transformieren und in andere Reiche befördern kann. Ich liebe auch Mantren als eine Art meditative Musik.

Bewegung bringt meinem überaktiven Verstand Ruhe. Ich dehne mich gern mit Yoga, ich schüttele und tanze auch gern, um die Energie in meinem Körper zu bewegen. Ab und zu brauche ich es regelrecht. Gönne dir eine Pause. Keine Ambitionen, erlaube deinem Körper dir zu zeigen, wie er sich bewegen möchte. Tief sitzende, versteckte Blockaden können dabei gelöst werden. Also lass das weiche, weibliche Lebewesen in deinem Körper machen, was es liebt, und sich bewegen, wie es mag.

Lass all deine Vorstellungen davon, wie die Dinge sein sollten, los und öffne dich für die Unschuld des Unbekannten. Dann können geniale Einfälle mühelos geboren werden, Magie entstehen und Mögliches und Unmögliches passieren.

Es gibt mehrere Möglichkeiten, wie du dich vorbereiten kannst. Zum Beispiel:

1. Verbinde dich mit der Stille in dir. Versuche es mit wandern, tanzen und Meditation.

2. Mach deinen Kopf frei. Gute Methoden hierfür sind Tagebuch schreiben oder transformierende Arbeit an dir.

3. Magisches Denken. Das öffnet Türen zu neuen Realitäten. Frage dich z.B., was du tun würdest, wenn du so viel Geld hättest, wie du brauchst und alles tun könntest, was du möchtest.

4. Gib dir Raum zum Atmen.
5. Sag „JA" zu den Dingen, die dich stimulieren und dich aus der Norm bringen.
6. Lass es zu, dass du von deiner größten Sehnsucht berührt wirst.
7. Folge deiner Intuition unmittelbar und furchtlos.
8. Frage dich, „Was wäre für mich noch möglich?"

**Eine Einladung**

Ich lade dich ein, aus deiner Komfortzone herauszukommen.

Entspanne dich und mache ein paar tiefe Atemzüge.

Stell dir vor, dass dein Verstand ein Zimmer ist. In diesem Zimmer bewahrst du all deine visuellen Ideen über das Leben auf – was du für möglich und auch unmöglich hältst. Dieses Zimmer hat eine Tür. Stell dir vor, dass diese Tür nur einen Spalt offen ist, und draußen kannst du glanzvolles Licht sehen. In diesem glanzvollen Licht gibt es viele neue Ideen, die du für dich als viel zu weit entfernt betrachtest. Die Ideen, mit denen du dich wohlfühlst, befinden sich mit dir in diesem Zimmer. Stell dir nun vor, du öffnest diese Tür vorsichtig, schiebst sie ein klein wenig weiter auf und lässt mehr Aufgeschlossenheit herein. Wie fühlst sich das an? Was möchte es dir mitteilen?

Erinnere dich daran, dass es dort draußen unbegrenzte Kreativität gibt. Greif zu!

## Loslassen

Wir leben in einer Kultur, die Loslassen nicht fördert, in der es um Konsum geht. Wir werden mit Werbung bombardiert, die uns sagt, was wir brauchen und kaufen sollten und ohne das wir angeblich nicht leben können.

Viele Menschen rund um die Welt haben herausgefunden, dass Extras nicht unbedingt nötig sind, um glücklich zu sein. Es ist nicht das Ende der Welt, nicht das zu bekommen, was du haben willst. Es ist oft einfacher, nur mit dem Nötigsten, das deine Grundbedürfnisse deckt, zu leben. Das ist Leben in Verbundenheit mit deiner Seele; sonst ist es mehr „Zeug" gegen das, was gut für deine Lernerfahrungen, deine Gesundheit und die höchste und tiefste Version des Glücksgefühls ist. Du magst vielleicht sagen, „Ich wäre glücklicher, wenn ich ... hätte", „Ich wäre glücklicher, wenn ... passierte." oder „Ich brauche ..., sonst bin ich nicht glücklich." Also schickst du all deine Wünsche ins Universum, und meistens bekommst du nicht das, worum du gebeten hast, vermutlich bekommst du etwas anderes.

Tatsache ist, du wirst das, was du willst und brauchst, immer auf einer tieferen Ebene bekommen. Und weil du um so viel bittest, wirst du in den meisten Fällen zu viel bekommen, sei es mehr Termine, mehr Emails oder zu viele andere Dinge, die du nicht brauchst. Das läuft auf ein Durcheinander in deinem Kopf und in deiner Umgebung, sogar auf

Stress hinaus. Wir leben mit vielen Geräten, um es leichter zu haben – Notebooks, iPads, Smartphones, etc. So gut und nützlich sie sind, sie können unser System überlasten.

Wenn das Leben übermäßig kompliziert wird, trägst du eine Menge unnötiges Zeug mit dir herum. Komplikationen können viele verschiedene Formen annehmen, so z.B. Unordnung, Verwirrung, Stress, ein unausgewogener Lebensstil, ungesunde Beziehungen, versteckte emotionale Schuld, Unentschlossenheit, Sucht, ungesundes Essverhalten, Widerstand und verschiedene negative Verhaltensmuster und ungesunde Überzeugungen. Das ist eine Menge!

Warum folgst du den vertrauten Mustern? Du könntest dich festgefahren haben und der Meinung sein, es ist schwierig hier herauszukommen. Vielleicht betrachtest du dich als Opfer. Du magst denken, dass du keine andere Wahl hast. Wenn das so ist, ist es Zeit loszulassen.

Dein inneres Durcheinander entspricht deinem äußeren Raum, und auch umgekehrt. Also ist es eine großartige Idee, deinen Raum, deinen Körper und deinen Verstand regelmäßig aufzuräumen. Es hilft dir, zu dir selbst und zu deinem natürlichen Zustand zurückzukommen. Loslassen bedeutet den Teil von dir loszulassen, der dir nicht mehr passt, den Teil, der du mal warst oder sein wolltest. Du lässt für eine neue Zukunft los.

Erlaube dir, innerhalb des Ankers deines Heims, deiner Familie, Beziehung, Arbeit und innerhalb von dir selbst, in diesen versteckten, ruhigeren Bereichen, auf eine ganz sanfte Weise das loszulassen, was für dich nicht mehr gut ist. Erlaube dir, das Ende einer Seite von dir zu betrauern und heiße einen neuen Anfang willkommen. Dein Körper ist es gewohnt, mit deiner Menstruation genau das zu tun. In diesem Ort tiefen Wissens wirst du erkennen, dass innerhalb deiner rasenden Suche nach Perfektion noch eine andere Suche stattfindet. Durch diese ruhigere Suche hat wahre Transformation Raum, sich zu entwickeln.

Bist du bereit, das konstante Wiederkäuen deiner alten Geschichten, Wunden und einschränkenden Überzeugungen abzuschließen und über dich selbst hinauszugehen? Du wirst herausfinden, dass du nicht allein bist. Es gibt eine größer werdende Kultur persönlichen Wachstums, in der wir ein aufrichtiges Interesse daran haben, unsere Geschichte zu heilen und etwas Besseres für uns zu kreieren. Unsere Motivation ist zweifellos ernst gemeint, und dennoch sehen wir uns dabei oft als defekt, unzureichend oder Verbesserungs-bedürftig. Dieses Selbstverständnis verrät die tiefere Wahrheit dessen, wer wir wirklich sind.

Wenn eine Frau loslässt, fällt sie zurück in die ursprüngliche Natur ihrer Weiblichkeit. Umschlungen von den sanften Wellen ihrer inneren Gewässer, findet sie ihre Essenz, ihre Instinkte, und sie weiß alles, was sie wissen muss.

**Intuition und Instinkt**

Die Zeit ist reif, an deine Intuition und deinen Instinkt zu appellieren. Wir Frauen sind höchst instinktiv und super auf das eingestellt, was für uns wahr ist. Intuition ist unsere Fähigkeit, zu sehen und zu erkennen. Instinkt ist unsere Verbindung zur Natur. Tief in dir drinnen existiert etwas, das vor hat, sich im Laufe deines Lebens zu zeigen. Das mag ein Ort sein, mit dem du dich womöglich schon angefreundet hast, oder ein Ort, der anfängt deine Aufmerksamkeit zu verlangen. Wenn du mit einem Auge anfängst, einen Blick nach innen zu richten, wenn du deine innere Welt fühlst und spürst und anfängst, eine Beziehung mit der Energie aufzubauen, die dort fließt, öffnet sich eine ganz neue Welt für dich.

Je mehr du dir dieser Energie, deiner Shakti-Power, bewusst bist, umso mehr wird deine Schwingung erhöht. In deiner Schwingung ist eine Kraft. Damit interpretierst du und du wirst damit interpretiert werden.

Du brauchst sie, um deine ganzen Erfahrungen aufzunehmen und zu verarbeiten. Sie bestimmt die Beziehungen, die du anziehst, und die Art von Dingen, die du empfängst und an denen du teilnimmst.

Frauen, die sich ihrer Shakti-power bewusst geworden sind, erleben jeden Moment als heilig. Sie erkennen auch die göttliche Weiblichkeit in sich. Sie vertrauen auf ihre intuitive Weisheit. Sie sprechen ihre Wahrheit. Sie verkörpern leidenschaftliches Mitgefühl in ihren Taten. Sie bewegen sich mit Schönheit. Sie trauen sich, vom ganzen Herzen zu lieben. Sie respektieren ihre eigenen Gefühle. Sie bewohnen und besitzen ihre eigenen Körper voll und ganz. Sie finden ihre eigenen kreativen Gaben. Sie bewegen sich mit sinnlicher Hingabe. Sie praktizieren bewusste Freude als Tor zum Göttlichen.

Aus meiner eigenen Erfahrung können in dem Transformationsprozess Themen hochkommen, die in Übereinstimmung mit deiner Konditionierungen und Überzeugungen sind. Las los und beseitige die Einschränkungen und Begrenzungen in deinem Leben, die dir die Freiheit und den Raum schaffen, um du selbst zu sein. Egal wie bedeutend das Thema ist, egal wie lange du dich damit abgekämpft hast, die Möglichkeit ist vorhanden, absolut frei, ganz und geheilt zu werden.

Gangaji, eine wundervolle spirituelle Lehrerin, sagte:

> *„Vertraue dir selbst. Im Kern ist pure geistige Gesundheit und Offenheit. Vertraue nicht darauf, was du gelehrt bekommen hast, was du denkst, woran du glaubst, worauf du hoffst. Höre tiefer in dich hinein, vertraue der Stille deines Daseins."*

Vor kurzem habe ich eine Freundin in einem inneren Prozess begleitet, weil sie eine tiefe, unerklärbare Wut hatte. Sie entdeckte, dass sie als Katholikin glaubte, als Mensch nicht fähig und wertvoll genug zu sein, um als Mensch auch göttlich zu sein. Es ging gegen die Glaubenslehre, mit der sie aufgewachsen ist. Obwohl ich Protestantin bin, habe ich eine ähnliche Überzeugung gehabt, die dazu beigetragen hat, dass ich mich sehr klein fühlte und unfähig war, das Gefühl reiner Göttlichkeit hereinzulassen. Ich habe sie immer eine Armlänge von mir gehalten, womit ich mich gut und sicher fühlte. Das Loslassen in den Kern meines Seins, mit all den Konsequenzen für mich, war für eine lange Zeit nicht möglich. Nach diesem Prozess war die Befreiung und die Transformation für meine Freundin sichtbar und sehr verändernd. Ich dürfte auch einiges dabei loslassen. Sie fand viel mehr Geistesfreiheit, mehr Bewusstheit ihres Seins, Vertrauen in alles, was sie machte, und sie konnte mehr lieben und sich lieben lassen.

Frauen, egal welcher Religion sie angehören, haben normalerweise kein Problem damit, offen für die Religion der Liebe zu sein. Lasst uns uns zusammen tun und veraltete Strukturen überwinden. Es besteht eine enorme Größe im Innern von jeder von uns. Hoffentlich werden viele von euch den Mut dazu haben, anders genug zu sein, um sie zu wählen. Wie Marianne Williamson erklärte, je mehr von euch die Größe in euch selbst sehen, umso mehr wird es den anderen erlauben, das gleiche zu tun, und umso großartiger wird die Welt dadurch werden.

Du bist nicht mit den Begrenzungen und einschränkenden Ideen, die du in deiner Kindheit übernommen hast, geboren worden. Du verurteilst nichts, wenn du klein bist. Kinder sind so unschuldig. Sie glauben wirklich, dass das Leben, ob es gut oder schlecht sei, so ist, wie es sein sollte. Sie glauben, wie Erwachsene Menschen sich benehmen, ist auch in Ordnung. Sie lieben sogar Menschen, die sie verletzen. Sie verstehen nicht, dass Lügen, Schmerz, Krieg, Hass und Ungerechtigkeit nicht die absolute und vollständige Wahrheit sind. Sie nehmen ihre Umstände als real an und übernehmen sie, obwohl sie einen Augenblick lang verwirrt sind, nur um das Thema später im Leben auf den Grund zu gehen.

**Nein**

Lerne, NEIN zu sagen. Nein zu etwas zu sagen bedeutet Ja zu etwas anderem zu sagen. Eine kreative Energie wird dich tragen, und so Raum für etwas Neues, etwas Besseres schaffen.

Ich habe gelernt, nein zu sagen. Oft. Es war zuerst sehr schwer. Ich musste aufhören, vielen Menschen zu gefallen. Ich musste viele Menschen enttäuschen, und viele von ihnen haben ihre Kritik und Theorien darüber, wie ich anders sein sollte, nicht zurückgehalten. Aber mit einem Nein fand ich ein tieferes Verständnis für Ja, es kristallisierte sich heraus wie ein sehr helles und klares Hologramm.

Ich habe gelernt, mich in stressigen Zeiten zu fragen, ob sich das, was ich tue und wähle, leicht, gut und für mich richtig anfühlt, oder ob es nur eine Gewohnheit, vielleicht sogar eine übernommene Angewohnheit, von einem Elternteil oder von jemand anderem, ist. Das kannst du auch tun.

Ich habe gelernt, nicht so impulsiv zu sein und bei der ersten Idee oder den ersten Gedanken, die mir in den Sinn kommt, aufzuspringen. Ich habe gelernt, Geduld zu haben und auf eine tiefere Strömung zu warten, die mich mitnimmt. Wenn ich jetzt einen Impuls bekomme, nehme ich einen tiefen Atemzug, spüre meine Beine, die Erde und meine Wurzel, bevor ich in etwas hineinspringe, wie ich es früher gemacht habe. Wenn ein tieferer Impuls kommt, wird damit mehr Shakti befördert, und ich weiß, wann die Zeit reif ist zu agieren. Es fühlt sich weniger anstrengend an, auch wenn es viel Arbeit ist, aber jetzt wohnt dem Ganzen ein Tanz inne, kein Streben. Das entsteht aus weiblicher Weisheit und wird der Kompass für alles, was ich tue.

**Die Wahl**

Joan Borysenko, eine führende Expertin für Stress, Spiritualität, und die

Verbindung von Verstand und Körper, sagte:

> *„Jeder Tag bringt eine Wahl mit sich, Stress zu praktizieren oder Frieden zu praktizieren."*

Stress kann viele Ursachen haben. Gibt es irgendetwas, das du bereust oder wofür du dich verurteilst? Hältst du fest an einem Groll auf jemanden in deinem Leben und hältst du völlige Vergebung für jemanden zurück? Das tut nur dir selbst weh. Genau dann, wenn du deine persönliche Geschichte von Trauma und Drama loslässt, lässt du deine Heilung zu. Falls du dein Dasein in Gedanken oder Geschichten von „Ich" und „Mein" zerfallen lässt oder du in deinem Verstand verfangen bist, der versucht, alles herauszufinden und zu verstehen, wirst du genau zu dem, worauf du deinen Fokus legst – zu dem endlosen Drama. Höre einfach auf mit der Geschichte. Höre auf zu fragen warum, höre auf zu versuchen, alles zu verstehen. Höre auf mit den Vorwürfen.

Was, wenn deine Geschichte nicht länger wahr wäre?

Sei dir bewusst, dass es für das, was auch immer jetzt in deinem Leben passiert, einen guten Grund dafür gibt. Akzeptiere die Dinge, wie sie sind. Je mehr du dagegen angehst, dich anstrengst, kämpfst oder versuchst, deinen Willen durchzusetzen, desto weiter schiebst du den Frieden, den du suchst weg. Entspanne dich einfach und lass all die mentalen Konstrukte los, die dein Verstand für dich aufgestellt hat. Eine uralte östliche Weisheit erzählt, dass es drei Seiten von allem gibt: eine, die du sehen kannst, eine, die ich sehen kann und eine, die wir beide nicht sehen können. Also gibt es drei Wahrheiten: meine Wahrheit, deine Wahrheit und die Wahrheit selbst.

Vergebung erfordert Demut. Sie fordert von dir, dass du deine rechtschaffene Entrüstung aufgibst, aufhörst Volksreden zu halten, alle Vorwürfe und die Überheblichkeit, immer recht haben zu müssen, loslässt. Du musst bereit sein, die Opferrolle aufzugeben. Sie könnte dein Leben zerstören. Mildere deine Einstellung, und falls notwendig, lass zu, dass dein Herz ganz weit aufbricht. Damit Vergebung wirklich effektiv ist, und damit geheilt werden kann, musst du frei und wahr sein. Der ganze Schmerz, der in dir aufgestaut ist, muss abfließen werden.

Falls es Missbrauch in deinem Leben gegeben hat, wird es einen Grund dafür geben, den du eventuell nicht erkennst. Ich habe mit Frauen gearbeitet, die unbewusst zugelassen haben, dass sie missbraucht wurden, um ihre Schwester oder ihre Kinder zu schützen. Verurteile es nicht. Wenn du mit der Verurteilung aufhörst, wird Frieden sein. Und vergiss nie, dass dein Körper sich vielleicht anfühlt, als sei er beschädigt worden, doch deine Seele bleibt von all dem, was dir geschehen ist, unberührt.

Es ist nun Zeit, dass Frauen all die Geschichten und den vergangenen, wie einen Schatz aufbewahrten Schmerz, loslassen. Die Zeit ist gekommen, mit frischer Energie neu anzufangen, Seite an Seite und Hand in Hand. Wir werden alle benötigt. Wir sind alle schöne Spiegelbilder der göttlichen Quelle. Das schließt die Teile von dir ein, die sich kaputt, verloren oder unsicher anfühlen. Diese sind kostbar, da diese die Teile sind, die transformiert werden und von denen wir lernen können.

Höre auf zu verurteilen. Du hast die Wahl. Unsere Unterschiede sind Teil unserer Größe und sollten angenommen, nicht ausgeschlossen werden. Menschen, die niemanden verurteilen, gehen viel glücklicher durch das Leben, als andere die verurteilen mögen. Wie wäre die Welt, wenn niemand verurteilt werden würde? So viel friedlicher, denke ich.

**Scham**

Die meisten Frauen haben das Gefühl, dass sie nicht vollkommen, gut genug oder vollständig sind. Dafür schämen sie sich.

Was ich bei meinen Kindern beobachtet habe, als sie klein waren, ist, dass sie keine Scham kannten. Sie tanzten, sangen, malten und hatten ein positives Körperbewusstsein. Das bisschen Angst, das sie hatten, kam höchstwahrscheinlich von mir, wenn ich mal wieder zu früh eingegriffen hatte, wenn sie versuchten, etwas Mutiges zu machen.

Ich kenne Scham. Unsicherheit hat mich die meiste Zeit meines Lebens verfolgt. Als Kind war ich mir nicht so sehr bewusst, dass ich ein Mädchen war. Als Teenager fühlte ich mich lange Zeit ungeschickt. Ich kannte den Schmerz der Verlegenheit, und den Stachel der Scham, wenn ich aus der Reihe tanzte. Außerdem entdeckte ich, dass Scham nicht unser natürlicher Zustand ist. Es ist etwas, das wir lernen.

Wenn du völlig offen bist und alles von dir annehmen kannst, einschließlich der Teile, die du verbessern willst, auch die erstarrten und ungeliebten Teile, wirst du dich gleichzeitig tieferen Energien öffnen und eine Reise zu einer freieren, vollkommenen Version von dir antreten. Indem du das tust, kannst du präsenter im Leben sein – in den Bereichen der Liebe, Freude und dem Schmerz, dem Verlust und der Ekstase.

Du wirst die Kraft der göttlichen Weiblichkeit aktivieren, die dich auf eine natürliche Art und Weise zu einem reifen, befreiten und weisen Ausdruck deines Selbst aufruft. Beachtenswerte und dauerhafte Transformation kann erfolgen, was Evolution wird. Du wirst das Gefühl haben, auf eine zarte, liebende Art und Weise nach Hause zu kommen.

**Eine Einladung**

Falls das bei dir Anklang findet, ist hier ein Vorschlag, der dir helfen wird, die Umgebungsenergie zu bemerken.

Entspanne dich und schließe deine Augen. Sitze für 16 Sekunden ganz still. Zähle die Sekunden. Zu dem Zeitpunkt, wenn du deine Augen öffnest, wirst du keine Energie aus der Vergangenheit haben und keine Projektion in die Zukunft. Du wirst in diesem Augenblick wie ein neugeborenes Baby. Energie wird mit deinem Atem aufgenommen und fließt wieder hinaus. Der unbewusste Vorgang des Atems kann zu einer bewussten Handlung von annehmen und loslassen werden, indem du dir einfach deines Atems bewusst wirst.

Du formst und kreierst dein Leben, genauso wie du dich selber formst und kreierst. Der Prozess hört nur auf, wann du stirbst. Die Entscheidungen, die du triffst, liegen in deiner eigenen Verantwortung. Es besteht viel Schönheit und Kraft in der Einfachheit, wenn du das Überflüssige loslässt. Das Leben ist kostbar und sollte zelebriert und gepflegt werden. Schau mit anderen Augen auf die Welt und sei aus tiefster Seele dankbar für das, was du siehst und für das, was du hast. Dankbarkeit öffnet dein ganzes Wesen für ein neues Bewusstsein, das dich durchfluten kann. Sag Ja dazu. Und erteile ihm die Erlaubnis, genau jetzt anzufangen, bei dir auf einer extrem zarten, feinen Ebene zu arbeiten.

## Freiheit

Freiheit ist für mich direkt mit Wahrheit gekoppelt, sei es die innere Wahrheit, oder DIE Wahrheit, die alles und alle Wesen durchdringt. Freiheit wird als das Ende allen Leidens betrachtet.

Deine persönliche Realität ist nur eine Illusion. Deine weltliche Selbsterkennung kann, in Freiheit, durch die Verwirklichung deiner wahren Natur ersetzt werden. Dieses Verständnis ist eine Erfahrung von Befreiung.

Als Kind warst du sehr mit dem himmlischen Reich verbunden. Nimm dir einen Moment und erinnere dich daran, wie du im Alter von eineinhalb Jahren warst. Du hast damals die Verbindung gespürt, du konntest sie nur nicht in Worten ausdrücken. Du warst spontan, du hattest Spaß, du sangst, und du warst „unberührt". Das bist du im ungeformten Zustand, du mit all deiner inneren Weisheit. Du hast nichts verurteilt. Du warst komplett du selbst.

Nun leidest du in deinem älteren Körper, weil du nicht mehr du selbst bist. Was mich angeht, ich war weit davon entfernt, ich selbst zu sein. Ich benutzte Konzepte, wie die Dinge und Menschen sein sollten, ich war wertend und ich stand mir selbst im Weg. Das Leiden, durch das du gehst, kann sich in deinem Körper schließlich irgendwann als Krankheit manifestieren. Es kann Auswirkungen auf deine Beziehungen und deine Umgebung haben.

Was wäre, wenn du dir die Erlaubnis erteilen würdest, dich wieder mit dem Teil von dir zu verbinden, der in diesem ursprünglichen Zustand ist? Was wäre, wenn du dir die Erlaubnis erteilen würdest, aus der Güte deines Herzens zu agieren? Vielleicht werden die anderen dich nicht verstehen, aber es wird dir wahrscheinlich egal sein, denn es ist nicht deine Angelegenheit, was andere denken.

Du bist eigentlich immer diejenige gewesen, die du sein willst. Du hast einfach nur den ganzen Überfluss Stück für Stück abzulegen versucht. Du BIST dein Durchbruch.

Für die meisten Menschen ist das ein permanenter Prozess. Als Frauen tragen wir viel in unseren Genen und in unseren Zellen mit uns herum, wovon wir uns nicht bewusst sind. In meiner Journey-Praxis habe ich mit vielen Frauen gearbeitet, die Vorstellungen vererbt hatten. Zum Beispiel, wie Familie und Beziehungen zu sein haben und den Schmerz all ihrer weiblicher Vorfahren. Viele Klienten konnten ihren Schmerz loslassen. Diese unglaublichen Frauen tun anderen Frauen und ihren eigenen Kindern einen großen Gefallen. In solchen wundervollen Momenten begreife ich, wie viel ich meine Arbeit eigentlich liebe und wie dankbar ich dafür bin.

Zwischen den weiblichen und den männlichen Teilen von uns sollte ein Gleichgewicht vorhanden sein. Männer sollten auch ein Gleichgewicht dieser Energien haben. Wir brauchen nicht identisch zu funktionieren, statistisch gleich zu sein, aber wir sollten gleichwertig sein. Jungen und Männer haben soziale und kulturelle Normen, die Männlichkeit definieren. Die Kultur der Maskulinität stellt dem Mann oft eine Falle und schneidet ihn von den Erfahrungen der Frauen ab.

In den letzten Jahren wird Männlichkeit neu definiert, gesunder und respektvoller als bisher. Männer werden aufgefordert, sich mit Frauen zu solidarisieren und eine Gesellschaft zu bilden, in der Frauen und Mädchen gewürdigt werden und sicher sind. Die Befreiung der Männer ist untrennbar mit der Befreiung der Frauen verbunden. Wir müssen auf unsere Stärken bauen, um die Gesellschaft zu schaffen, die wir uns für das Leben unserer Kinder wünschen.

**Emotionale Heilung**

Ich möchte hier gerne das Reich der emotionalen Heilung anschauen, damit der Zyklus des emotionalen Leidens beendet werden kann. Viele Frauen haben schmerzhaftes erfahren. Viele haben die Überzeugungen von deren Vorfahren übernommen. Das ist deren Geschichte, die erzählt wer sie ist, wie sie wurde, wie sie ist, wie ihre Verhaltensmuster entstanden und warum sie gezwungen ist, diese Muster beizubehalten. In der eigenen Geschichte stecken zu bleiben ist einschränkend und führt dazu, ähnliche Erfahrungen immer und immer wieder zu wiederholen. Für mich fühlte es sich an, als ob ich gefroren war. Bis eine bewusste Entscheidung getroffen wird, die Geschichten und einschränkenden Überzeugungen, die für Wahrheit gehalten werden, aufzudecken, zu erkennen und loszulassen, kann man in einem endlosen Zustand von emotionalem Chaos verbleiben.

Gangaji sagte:

> *„Vielleicht magst du leiden. Vielleicht magst du Drama mehr als Frieden. Das ist in bestimmten Phasen in Ordnung ... aber du kannst die Möglichkeit entdecken, Wahrheit zu wählen – permanente, ewige, nie verschwindende Wahrheit."*

Emotionen sind physische Empfindungen, die mit Gedanken in unserem Verstand assoziiert sind. Manche können sie gut ausdrücken, dennoch können viele von uns es nicht. Als Erwachsene neigen wir dazu, unsere Emotionen zu verbergen. Wir mögen es nicht, Emotionen in der Öffentlichkeit zu zeigen, wir sind großartig darin, unsere Gefühle zu unterdrücken und sogar uns selbst nicht einzugestehen, wie wir uns wirklich fühlen. Als Kind ist es normal glücklich, traurig und weinerlich, wütend und tobend zu sein oder das auszudrücken, was sie gerade fühlen. Als Konsequenz unserer kindlichen Abhängigkeit von unseren

Eltern haben wir sie uns zum Vorbild genommen, auch wenn sie womöglich kein gutes Rollenbild abgegeben haben, und wir lernten unsere Emotionen auch zu verstecken.

Hast du je bemerkt, dass du hart bleibst, deine Emotionen in keinster Weise zeigst – nicht hier, nicht jetzt? Gefühle nicht zu zeigen geht gegen jede Faser des Seins. Wir wissen, dass wenn wir alleine sind, können wir weinen und trauern um all die Momente, die uns gegen den Strich gingen. Also fangen wir an, Schuld und Scham als Entschädigung dafür zu kriegen. Sie werden als ein Schutzschild des falschen Glaubens benutzt.

Wir teilen unsere Emotionen in zwei Kategorien – die guten und angenehmen Emotionen wie Glück, Liebe, Freude, und die unbequemen Emotionen wie Traurigkeit, Angst und Verzweiflung. Wir mögen die letzten nicht gern fühlen. Unzählige Stunden Therapie und Beratung können erforderlich sein um herauszufinden, was los ist, wo unsere Emotionen herkommen und wer wir wirklich sind.

Unsere Gedanken können verwirren, genauso wie auch unsere Emotionen und Verhaltensmuster es können. In den letzten zwanzig Jahren habe ich einen großen Sprung in meiner persönlichen Entwicklung gemacht. Es gab Zeiten, in denen ich mich gefühlt habe, als ob ich mitten in einem Orkan stehe. Und doch fand ich innerhalb des größten Chaos den größten Frieden. Im Zentrum des Orkans ist Stille. Trotzdem bewegt sich ein Orkan und du wirst auf einer Reise sein, in der Stille im Auge des Orkans oder im Wirbel. Ruhig und zentriert sein bedeutet, vom Chaos gelöst sein. Du kannst auf deinen eigenen emotionalen Wellen reiten, ohne ihnen eine Geschichte anzuheften. Andere mögen in Panik sein, wütend, traurig oder ängstlich, du aber nicht, weil es dich nicht berühren wird.

Für Menschen ist es natürlich, Emotionen zu haben. Sie sollten ganz von selbst kommen und gehen. Nur wenn du dich deinen Emotionen, die nicht unterdrückt werden dürfen, verschließt, entstehen Probleme. Als Frau wirst du den Druck, dich zum Schweigen zu bringen, und so zu tun, als hättest du keine Gefühle, als seien sie dir egal, wahrscheinlich gut kennen. Frauen werden angeschaut, aber nicht gesehen. Über sie wird geredet, aber nicht mit ihnen. Ihnen wird nicht zugehört. Vielleicht kennst du das auch gut. Sie werden benutzt, ausgebeutet, als unbrauchbar beiseite gelegt, verschandelt und auch getötet. Man sagt, dass Frauen psychologisch robuster als Männer sind, und können perfekt viele Sachen auf einmal machen. Mädchen dürfen emotionaler und verletzlicher sein als Jungen, obwohl sie es sich nicht immer selbst erlauben.

Unsere frühen Erlebnisse haben Einfluss auf unsere Emotionen. Jede hat Situationen in ihrem Leben, die traumatisch waren und unbehandelt blieben. Die bewirken dass vertraute Emotionen aufkommen, wenn neue Situationen auftreten, die dieselben Knöpfe drücken und dieselben Gefühle auslösen. Es sind meistens unerfüllte Bedürfnisse, Verletzungen und Missverständnisse, die Traumata verursachen. Menschen machen Fehler, können sogar bösartig sein, was oft stillschweigend hingenommen wird.

> *„Erfahre deine eigene Verletzlichkeit und finde Stärke darin. Das ist wahrer Mut, und es ist Mut, der uns in jedem Moment umgibt."* Brandon Bays, die Gründerin von The Journey.

Ich habe früher das Bedürfnis gehabt, mich vor emotionalem und physischem Schmerz zu schützen, damit ich keinen Verlust und Kummer erleiden muss. Ich vertraute kaum jemanden. Ich zeigte vielen die kalte Schulter. Die Gefahr, emotional verletzt sein zu können, verursachte eine Abspaltung in meinem Verstand und negatives in meinem Kopf, über was geschehen könnte.

Sobald ich mich komplett dem Gefühl absoluten Misstrauens hingab, fand ein riesiger Prozess in mir statt. Dieser führte dazu, dass ich überzeugt war, niemandem vertrauen zu können. Als Kind, unberührt und offen, war mir bewusst, dass Erwachsene sich selber nicht treu waren; sie trugen Masken, die täuschten vor, sie seien glücklich. Als kleines Mädchen war ich erschüttert als ich erkannte, dass dieses Verhalten falsch war. Es fühlte sich nicht gut an, sogar sehr schwer. Ich hatte mich wie ein kleines göttliches Wesen gefühlt, bis diese Erkenntnis mich traf. Wenn Menschen so sind, dann sind Menschen nicht göttlich. Also dachte ich, dass ich nicht göttlich sei. Zum Glück war ich imstande das zu verarbeiten, und ich fühle wieder das echte Ich, lasse alle Beurteilungen los, vergebe und gehe weiter.

Auf dem Weg zur Freiheit kann es viele Beschleuniger geben, wie z.B. Yoga oder Meditation praktizieren. Ich glaube, dass das nicht genug ist und dass es wichtig ist, den toxischen emotionalen Abfall auszuräumen, der nach schmerzhaften oder traumatischen Erlebnissen in deinem Leben bleibt. Es ist wichtig, nach Werkzeugen und Techniken zu suchen, die dich auf deiner Reise unterstützen werden – ein Therapeut, Coach oder ein Programm, das zu deinen Bedürfnissen passt. Heilung von innen ist tiefgreifende Arbeit.

Es gibt bestimmte Themen, die mir als Coach bei fast allen Frauen begegnen, die zu mir in die Praxis kommen, die ich gern darlegen möchte.

**Angst**

Es gibt zwei Arten von Angst – eine Sorte ist berechtigt und kommt bei Gefahr hoch, zum Beispiel wenn du nicht schwimmen kannst und ins tiefe Wasser geworfen wirst. Du hast Angst zu ertrinken. Die andere Sorte Angst ist nicht gerechtfertigt und resultiert aus traumatischen Erfahrungen. Manche Erfahrungen können so schwerwiegend gewesen sein, dass du vielleicht sogar Angst vor der Angst hast. Zum Beispiel wenn du als Baby oft allein gelassen wurdest, weintest du und niemand kam. Jetzt hast du Angst allein gelassen zu werden.

Die meist verbreiteten Ängste sind:

Angst allein zu sein

Angst vor dem Unbekannten

Angst bloßgestellt zu werden

Angst kein Geld zu haben

Angst ein Versager zu sein

Angst erfolgreich zu sein

Angst verurteilt zu werden

Angst etwas falsch zu machen

Angst vor der eigenen Größe

Angst vor dem Sterben


Was könntest du erreichen, wenn du keine Angst hättest?

Deine Ängste sind nicht dein Führer. Du bist es. Deine Ängste sind nicht Schöpfer deines Lebens. Du bist es. Du wirst nicht von den Grenzen deiner Ängste eingeschränkt und du verdienst wirklich umfassende Unterstützung und Umsorge, um deine Ängste zu überwinden.

Ich glaube, dass Angst eine essentielle Rolle dabei spielt, über unsere selbstauferlegten Einschränkungen hinauszuwachsen. Jedes Mal, wenn ich mich entschied, Ja zu einer Gelegenheit zu sagen, wo ich meine Komfortzone verlassen, meine Stimme ausdrücken, etwas Neues ausprobieren oder meine Fähigkeiten prüfen musste, war damit Angst verbunden. Ich stelle mir dann vor, dass ich die Angst an die Hand nehme und anfange, kleine Schritte zu gehen, wie z.B. einen Anruf tätigen, den ich vor mich hingeschoben habe, oder jemanden, von dem ich lange nichts gehört habe, eine Nachricht schicken. Wenn ich die Situation nicht wirklich verstanden habe, mich auf das, was sich in meinem Leben entfaltet, frage ich nach und bereite mich vor.

Oprah Winfrey sagte, *„jedes einzelne Ereignis im Leben ist eine Gelegenheit, dich entweder für Angst oder für Liebe zu entscheiden."* Das ist tatsächlich so, denn wenn du die Wahl hast etwas zu tun oder zu lassen, kannst du aus dem Gefühl von Angst wählen, oder aus Liebe. Wenn du alles tust, was du kannst, ohne Angst zu haben, wirst du dich über dich selbst wundern.

Ältere Frauen haben im Laufe ihres Lebens viele Erfahrungen gesammelt; das ist der Grund, warum sie nicht so viel Angst oder Panik wie jüngere Frauen haben. Wenn eine weise Frau durch genügend Erdbeben in ihrem Leben gegangen ist, wird sie vom nächsten nicht so sehr durchgeschüttelt, wie es jemanden durchschüttelt, der nicht die gleichen Erfahrungen gemacht hat. Sie hat zu viel gesehen, sodass es ihr nicht mehr so unter die Haut geht. Sie sitzt es aus. Was auch das Beste ist, was du mit Angst machen kannst. Setze dich hin und sitze sie aus. Glaube mir, wenn du ihr ins Auge schaust, statt zu versuchen davonzurennen, wird sie ihren Kopf erheben, ihren hässlichen Mund öffnen, ihre Zähne zeigen und sich dann in Mut verwandeln.

Respektiere und heiße die Energie der Angst als eine Kraft willkommen, die dich inspirieren und auf deiner Reise ins Licht führen kann. Angst wird dir lehren, Hindernisse zu überwinden, die dich bisher aufgehalten haben. Begrüße alle sogenannten negative Emotionen. Nimm ihre Kraft an, anstatt sie zu leugnen. Jenseits der Angst, jenseits aller Emotionen findest du Ruhe und sogar Glückseligkeit.

**Der innere Kritiker**

Ich habe oft eine Stimme in meinem Kopf, die meine innere Kritikerin ist. Ich gebe zu, dass sie nicht angenehm ist, und auch sehr ernüchternd sein kann. Diese Stimme hat mich gewiss von Vielem abgehalten. Hast du vielleicht auch eine Stimme, die dir erzählt, dass du nicht gut genug, schön genug, unbegabt, nicht intelligent genug bist?

Kritik von anderen kann höllisch weh tun oder von dir abprallen. Selbst zugefügte Kritik ist harsch und meist viel härter als Kritik, die von außen kommt. Und aus einem logischen Grund. In der Vergangenheit waren Frauen nicht imstande sich selbst mit legalen Mitteln zu schützen. Sie konnten ihr Eigentum nicht kaufen oder besitzen. Sie wurden von den Männern, die das gesellschaftliche Leben bestimmten, klein gehalten. Sie mussten um Erlaubnis fragen, um arbeiten oder heiraten zu dürfen. Erst 1908 ist das Frauenwahl in Kraft getreten. Doch jetzt verändert sich dies und wir leisten monumentale Arbeit; dennoch hat das Bewusstsein der alten Tagen uns noch im Griff, es bedarf noch etwas Umschulung.

Früher wollte ich alles bis ins kleinste Detail ausarbeiten. Ich dachte, ich könnte nichts veröffentlichen, bis es nicht perfekt war. Bis ich erkannte, dass ich, wenn ich so weiter machen würde, nie etwas fertig kriegen würde.

Perfektionismus sucht nicht nach dem Besten in dir, es ist das Streben nach dem Schlimmsten in dir, der Teil von dir, der dir mitteilt, dass nichts von dem, was du machst, jemals gut genug sein wird. Perfektionismus hält dich zurück, deine Wahrheit zu leben. Und eigentlich existiert Perfektes gar nicht. Halte dich deswegen nicht zurück. Sei kühn. Sei nichts anderes außer du selbst.

Als ich Kommunikationsdesign in Kiel studiert habe, gab es einen Professor, der uns eine Aufgabe über die Semesterferien erteilte. Das Thema meiner Wahl war kommerzielle frauenfeindliche Werbung. Ich stürzte mich mit Leidenschaft in das Projekt. Ich sammelte englische und deutsche Beispiele und verbrachte viel Zeit bei der Ausarbeitung. Ich erwartete eine gute Note für meine Arbeit, da ich mir so viel Mühe gegeben hatte. Natürlich bekam ich keine gute Note. Obwohl ich bestand, war meine Note so schlecht, dass ich den Professor aufsuchte und ihn fragte, warum ich so schlecht bewertet worden war, in Anbetracht der ganzen Arbeit, die ich hineingesteckt hatte. Ich wollte es verstehen. Die Antwort, die ich erhielt, war, dass ich, wenn ich noch einen Satz zum Schluss geschrieben hätte, die allerbeste Zensur bekommen hätte. Was er von mir erwartet hat, weiß ich immer noch nicht. Was ich getan hatte, war offensichtlich nicht ausreichend. In diesem Moment ist mein Ich zusammengebrochen. Ich war so verunsichert, dass ich meine Ansichten nicht mehr vertraute – und aus Angst vor Bloßstellung keine eigene Meinung mehr äußerte. Erst viel später kam dieses Ereignis in einer inneren Reise hoch und ich konnte es in einer gesunden Art und Weise aus meinem System entfernen.

Sei bereit anzuerkennen, was du am meisten an dir selbst kritisierst. Sprich es laut aus, und lass den Worten Vergebung folgen, mit kompletter und völliger Vergebung für dich selbst.

**Eine Einladung**

Scilla Elworthy, eine mutige Frau, die dreimal als Aktivistin für den Friedensnobelpreis nominiert wurde, berichtet von einer wundervollen Art mit Kritik fertig zu werden. Ich habe diese Übung mit fantastischen Ergebnissen gemacht.

Setze dich auf einem Stuhl, dem ein zweiter gegenüber steht. Erstmal fragst du deine innere Kritikerin, von der du dir vorstellst, dass sie auf dem anderen Stuhl sitzt, warum sie so hart mit dir ist. Wenn du magst, kannst du jetzt den Platz der inneren Kritikerin auf dem anderen Stuhl einnehmen und ihre Rolle übernehmen. Fühle in dich hinein, was das emotional und auch körperlich mit dir macht. Höre auf die Antwort, ohne sie zu beurteilen. Sprich sie laut aus. Nachdem du dir genug Zeit genommen hast, die Antwort zu verarbeiten, kannst du antworten, wieder von deinem eigenen Stuhl aus. Lass einen Dialog zwischen dir und deiner inneren Kritikerin stattfinden, bis ihr fertig seid.

Ich erkannte, dass meine innere Kritikerin eigentlich nur versucht hat, meine inneren Stärken nach außen zu bringen. In diesem Wissen verwandelte sie sich von einer negativen Kraft in meinem Leben zu einer großartigen Führung.

**Selbstliebe**

Wenn du jemand bist, der alle Aspekte von dir willkommen heißt, herzlichen Glückwunsch. Die meisten Frauen, mit denen ich gearbeitet habe, besitzen nur eine kleine Portion Selbstliebe. Sie suchen nach Liebe, die von außen kommt, z.B. von einer Beziehung, was am meisten verbreitet ist, oder von ihrer Arbeit. Sie finden sie nur für eine kurze Zeit, bis sie erkennen, dass es nicht genau das ist, wonach sie gesucht haben, und es nicht so ganz ihren Erwartungen entspricht.

Ich hatte mal ein Konzept, dass Liebe von woanders kommen musste. Liebe würde meine eigentliche Existenz bestätigen. Ich erkannte, dass ich Liebe bei meinen Eltern, meinen Freund/innen, in der Schule, bei meinem Partner, von denjenigen, zu denen ich aufgeschaut habe, bei meinen Mentor/innen, sogar bei meinen Tieren gesucht habe. Als ich spürte, dass ich Anerkennung gesucht, und mit Liebe verwechselt hatte, fühlte ich mich einsam. Zum Glück löste sich diese in Liebe auf, als sie erkannt und akzeptiert wurde. Das war Liebe, die ich in meinem Inneren gefunden hatte, nach der ich so lange gesucht hatte.

Leider zeigt sich ein Aspekt der mangelnden Selbstliebe in Neid und Eifersucht. Diese Gefühle entzweien Menschen. Es besteht kein Grund, sich mit jemandem zu vergleichen. Es besteht kein Grund, genau so gut wie jemand anderes sein zu wollen. Das ist Verrat an dir selbst und der Verlust deiner Einzigartigkeit. Jeder ist anders und du wirst nicht mehr geliebt oder akzeptiert werden, wenn du versuchst, anderen zu gefallen oder jemand anderes zu sein.

Ich dachte früher, dass ich weniger als meine Mutter war. Sie war diejenige in der Familie, die alles beisammen hielt. Sie war eine Macherin, eine sehr erfolgreiche Geschäftsfrau, sie bewältigte drei Kinder, hatte einen Ehemann, ein Haus und einen Garten, der immer gut in Ordnung war. Keine Putzfrau, keinen Gärtner. Sie brachte es fertig, viel Geld zu verdienen, genauso wie einige andere Mitglieder ihrer Familie. Und sie sah immer gut aus. Sie war eine Frau höchster

Integrität. Ich hatte mich immer gefragt, wann einige ihrer Gene sich bei mir zeigen würden. Wann kommt meine Zeit, erfolgreich zu sein? Warum bin ich nicht Geschäftsfrau wie sie? Warum verdiene ich nicht richtig viel Geld, so wie sie? Das hat jahrelang wirklich genervt, bis ich erkannte, dass ich nicht meine Mutter bin. Ich habe andere Talente, die sie nicht hatte. Ich habe mein eigenes Leben, das ich auf meiner Art lebe. Und ich weiß, dass sie stolz auf mich noch wäre. Ich nahm begeistert die guten Seiten von mir an und machte weiter. Ich liebe mich selbst!

**Bedingungslose Liebe**

Um bedingungslose Liebe zu erfahren, muss Selbstliebe vorhanden sein. Nur dann wird Heilung jeden Aspekt des Lebens berühren. Wenn du bereit bist, das Licht der Liebe auf die Gebiete, auf die du nicht stolz bist, scheinen zu lassen, sogar auf die unerwünschten Gebiete, auf die unerwünschten Emotionen, in all die dunklen Ecken deiner Seele, wird Liebe sie durchdringen und annehmen, bis du nichts anderes als Liebe bist. Du wirst dich den Regeln, mit denen du aufgewachsen bist, widersetzen, du wirst spüren, dass du mehr bist, nicht weniger, und du wirst anfangen du selbst zu sein.

Horche auf dein inneres Wesen. Hat es die gleichen Wünsche wie du? Hört und sagt es das Gleiche wie du? Durch den Vorgang der Enthüllung entsteht Liebe.

Ich war kein Brustkind. Aus irgendwelchen Gründen konnte meine Mutter mich nicht stillen. Obwohl meine Mutter mich liebevoll mit der Flasche ernährte, erkannte ich in einer inneren Reise, dass etwas gefehlt hat. Ich nahm ihre Kleidung wahr, ihre schönen Kleider mit all den schönen Farben und Mustern. Dennoch erschienen diese Kleider irgendwie wie physische Grenzen zwischen mir und meiner Mutter. Ich habe den Körperkontakt vermisst. Haut auf Haut, der Körper einer Mutter gegen den Körper eines Kindes. Das schenkt ihm ein Gefühl, dass es angekommen ist, und dass es geliebt wird. Es gab einen Abstand, der kontrolliert wurde und nicht überschritten werden konnte und mich unglücklich machte.

Schmerz und limitierende Grenzen waren vorhanden, die zu meiner Überraschung durch unzählige Generationen zurückging. Ich spürte, meine Mutter hätte, wenn sie sich erlaubt hätte, mich näher an sich zu lassen, diesen Schmerz auch fühlen müssen, und es wäre für sie zu viel gewesen. Sie hat das Ganze weggesteckt, zusammen mit ihrer eigenen Unzulänglichkeit, und dem Leid von Generationen von Frauen. Das war eine schmerzhafte Erkenntnis für mich, weil ich meine Mutter so sehr liebte und die Liebe, die sie zu geben hatte, so sehr wollte, und wollte, dass sie ihre eigene Liebe fühlen konnte. Ich bin so dankbar, dass Vergebung möglich war, und dass Verwundbarkeit und Liebe mir jetzt verfügbar sind, ohne Einschränkungen oder Selbstkontrolle.

Selbstliebe und jede Form der Selbstpflege sind die Ausgangspunkte für die Verbreitung von Achtsamkeit und Mitgefühl in der Welt. Wenn du dich selbst liebst, liebst du die Menschheit. Wenn du geduldig, freundlich und sanft mit dir bist, bestätigst du, dass alle Wesen, einschließlich dir, Geduld, Freundlichkeit und liebevolle Pflege verdienen.

Höre auf zu versuchen dich anzupassen. Nimm dich selbst mehr an und teile deine Stärken. Wir sind Frauen, wir machen den gleichen Schmerz durch, wenn wir unsere Kinder gebären, wir haben unsere Menstruationszyklen und die gleichen Probleme.

**Überzeugungen und Versprechen**

Du hast nicht nur ein komplexes System von Gefühlen, sondern auch von Überzeugungen und Versprechen. Du hast deine eigene spezielle strukturelle Konditionierung, zusammengesetzt aus Vorstellungen, Werten, Regeln und Erinnerungen von dem Ort, an dem du aufgewachsen bist, deinem religiösen Hintergrund, deiner Familie, deinem sozialen Kreis und deinem Leben bis jetzt. Du kannst Sachen ausgelöscht, verdreht oder verallgemeinert haben, die andere Menschen vollkommen anders betrachten.

Überzeugungen sind kraftvoll, besonders einschränkende Überzeugungen, genau wie Versprechen, die du mal bewusst oder unbewusst geleistet hast. Versprechen können Eheversprechen sein, oder etwas, das du dir aus irgendeinem Grund geschworen hast. Sie halten dich unbewusst in vielen Gebieten deines Lebens fest. Die Realität ist, dass eine einschränkende Überzeugung nur deiner eigenen Wahrheit entspricht, bis du sie als einschränkend erkennst. Das ist der Zeitpunkt, wo du bereit bist, sie zu verändern. Es bedarf einer besonderen Art eines mentalen Tanzes, um aus dir heraus zu treten, um zu schauen, was dich zurückhält. Es bedarf einer besonderen Art Prozess, die einschränkenden Überzeugungen und Versprechen aus deinem System zu entfernen. Es zu tun ist sehr befreiend und es wird dich in deinem Leben vorwärts bringen.

Dich zufrieden und bequem zu fühlen ist nicht das, wofür sie gepriesen werden. Es ist normalerweise eine dünne Fassade, eine zerbrechliche Ebene von Vortäuschung. Tief unten liegt Verzweiflung, uneingestanden und unerforscht. Freunde dich mit Unbequemlichkeit an. Die Seele wünscht sich selbst kennenzulernen. Wenn dieser Wunsch verleugnet wird, kann eine existentielle Krise folgen. Freue dich auf die Unbequemlichkeit als ein Zeichen dafür, dass du dich noch einmal der Veränderung und größerem Bewusstsein näherst. Es signalisiert auch, dass du mit der Wahl konfrontiert wirst, mehr von dir zu zeigen. Das ein ein riesiges Geschenk.

Mein Vorschlag ist, dich energetisch zu erweitern, dich nicht zusammenzuziehen und dich klein zu halten. Dafür ist es nötig deine Schale zu knacken. Das ist wichtig. Ein Vogel kann nicht fliegen, bis er sich aus seiner Eierschale befreit hat. Ein Schmetterling kann nicht fliegen, bis er durch seinen Kokon befreit. Wir können unser Leben nicht in vollen Zügen genießen, bis wir uns aus unserer persönlichen Schale brechen. Das Ausbrechen aus einschränkenden Überzeugungen ist das gleiche.

Beschließe das zu lösen. Dein Widerstand wird mit deiner Intention verschwinden und dir wird Klarheit gezeigt. Ein Orkan wird über dich hinweg ziehen, das Anhängsel deiner Überzeugungen und Versprechen mitnehmen und dich mit ziehen. Erinnere dich dennoch, dass alles, was dir passiert, ein Geschenk beinhaltet, und sei dankbar dafür. Falls du seit vielen Jahren ein bestimmtes Muster gehabt hast, wird dein emotionaler und physischer Körper, bis hin zu deiner DNS, eine Weile brauchen, um von deinem Kopf die Anweisung zu erhalten, dich zu verändern. Gehe sanft mit dir um. Wenn du an dir arbeitest, um deine neurologischen Leitungen zu deaktivieren und umzulegen, werden die alten Muster ganz von alleine verblassen. Ich kenne das von meiner Arbeit und aus eigenen Erfahrung . and re-route your neuropathways, the old patterns will fade away on their own. I know this from my work and from my own experience.

## Gesundheit

In deinem Körper ist eine angeborene Weisheit, die ganz genau weiß, was du brauchst,um gesund zu sein. Wenn du auf deinen Körper hörst, ihm Fragen stellst (ja, das kannst du) und von den Antworten lernst, wirst du wertvolle Ressourcen für Gesundheit und Heilung erhalten.

Menschen, Tiere und die Erde besitzen ein unvorstellbares Potential sich zu regenerieren und sich selbst zu heilen. Die Zellen in deinem Körper regenerieren und erneuern sich ständig. Zum Beispiel erneuert deine Haut täglich ungefähr eine Milliarde Zellen. Du hattest bestimmt schon mal sonnengebräunte Haut. Nimm das als ein Beispiel, denn die Bräune verblasst innerhalb von drei Wochen, da deine Haut erneuert wird. Du hast neue Knochen in acht Wochen, wie alle, die gebrochene Knochen hatten, wissen. Du hast eine komplett neue Leber in sechs Wochen. Unsere Körper sind extrem komplex und ich bewundere, wozu ein Körper imstande ist, während man selbst sich nicht bewusst ist, dass überhaupt etwas passiert.

Wenn du krank wirst, besteht ein natürlicher Wunsch danach, wieder gesund zu werden. Allerdings geht es nicht nur darum, Symptome zu bewältigen oder uns mit einem akuten Gesundheitsthema zu befassen. Unser physisches, mentales und emotionales System ist wie ein Fluss, der stetige Veränderungen bringt. Neues wird angespült. Alte Muster, unverarbeitete Erinnerungen und Glaubensmuster werden weggeschwemmt. Mit der Zeit können sie mit der Person, die du jetzt bist, unvereinbar werden. Dein Körper versucht dir etwas mitzuteilen, wenn du krank bist.

Ein Beispiel hierfür: Ich bin am dritten Tag einer Bronchitis zu einem Retreat gegangen. Ich habe mich aus dem Bett gerissen, ich dachte, ich müsste unbedingt da sein, obwohl mein Verstand mir sagte, ich solle das ganze Wochenende im Bett bleiben, für mich sorgen, es würde nur schlimmer werden, ich bekäme eventuell eine Lungenentzündung. Während des Retreats hatte ich die Gelegenheit meinen Gesundheitszustand zu verarbeiten. Dieser Husten, der keinen Schleim mehr abhusten konnte und fest in meiner Brust saß, kommunizierte buchstäblich mit mir, dass ich etwas tat, das nicht mit meiner Wahrheit harmonierte. Sobald ich zuhörte und bereit war, meine Verhaltensmuster zu ändern, wurden die Symptome sprunghaft besser. Das war eine großartige Erfahrung für mich. Noch nie zuvor wurde ich schneller geheilt!

**Körperintelligenz**

Heutzutage sind wir stündiger Reizüberflutung ausgesetzt. Wir sind einen langen Weg gegangen, lebten früher in Volksstämmen einem einfachen Lebensstil, waren der Erde und die Natur nah. Die Weiterentwicklung der Technologie scheint dieses Phänomen mit sich zu bringen. Es ist oft schwer, mit uns selbst verbunden zu bleiben, wenn unsere Aufmerksamkeit auf die externe Welt gerichtet ist. Das Chaos um dich herum zieht dich an und hinterlässt dich mit einem Gefühl von Leere und entwurzelt dich.

Als Neugeborene warst du reine Freude und Liebe. Du warst das Zentrum deines Universums und du konntest kommunizieren was du wolltest und brauchtest, wenn auch auf deiner eigene Art. Du konntest all deine Gefühle auf eine ungefilterte Art und Weise zeigen. Du liebtest und akzeptiertest alles von dir, sogar das, was in deiner Windel landete. Du wusstest, dass du perfekt warst. Und das ist die Wahrheit.

Dein Körper besitzt hohe Intelligenz. Es ist möglich, durch das Leben zu gehen, ohne die Botschaften des eigenen Körpers zu erkennen. Es ist auch möglich, deine Aufmerksamkeit auf deine innere Erfahrung zu richten, dich in dir zu Hause zu fühlen und deine innere Weisheit nutzbar zu machen. Deine innere Erfahrungen wahrzunehmen und die Intelligenz deines Körpers zu ehren, bedeutet, dass du dem, was dein Körper dir mitteilt, zuhörst.

Lass uns einen Blick auf drei der menschlichen Gefühle werfen, und wo sie normalerweise im Körper gefühlt werden.

**Wut**

Wut wird normalerweise im unteren und oberen Rücken, Schultern, Nacken und Kiefer gespürt. Wann du Spannung in diesem Bereich spürst, ist es oft durch nicht anerkannte und nicht kommunizierte Wut verursacht.

**Traurigkeit**

Traurigkeit wird aus dem Brustbereich bis durch den Hals gespürt, was sich auch so anfühlen kann, als ob dort ein Klumpen steckengeblieben ist, sogar bevor externe Zeichen der Traurigkeit wie Tränen in dir hervorschießen.

**Angst**

Angst wird von dem Solarplexus bis zum unteren Bauchbereich gespürt, wo eine Empfindung von „Schmetterlingen" und enge Muskeln dich wissen lassen, dass du verängstigt bist.

Eine ganz neue Welt kann sich für dich öffnen, wenn du erkennst, dass ein physisches Symptom bedeutet, dass dein Körper mit dir kommuniziert! Du kannst deinem Körper Fragen stellen und deinen inneren Arzt konsultieren. Frage, was dein Körper braucht, welche Entscheidung für dich jetzt am besten wäre, sogar was er braucht, was du essen sollst. Du kannst dir Fragen ausdenken, die mit dir im Einklang sind. Dein Körper weiß es! Experimentiere mit den Zeichen, die du bekommst, und mit den Folgen davon.

Spiele mit Situationen, begebe dich in das Bewusstsein bestimmter Szenen und Möglichkeiten und werde dir bewusst, wie dein Körper sich damit fühlt. Finde heraus, was sich schwer und was sich leicht für dich anfühlt. Leichtigkeit ist immer die bessere zu befolgende Option. Schwere bedeutet, dass es nicht in Übereinstimmung mit dir ist. Je mehr du auf deinen Körper eingestimmt bist, umso mehr wirst du merken, wann deine Energie abnimmt, so kannst du lernen, Fragen situationsbezogen zu stellen. Dein Körper ist einzigartig und nicht mit irgendeinem anderen Körper zu vergleichen. Vielleicht brauchst du mehr Wasser, Nahrung, Bewegung, Ruhe, Verbindung, Berührung, Schlaf, eine Veränderung deiner Körperhaltung oder musst Verspannungen loslassen. Diese Grundentscheidungen können in deinem Alltag deinen Energiepegel wesentlich verändern und den Level von Zufriedenheit erhöhen.

In Beziehungen garantiert das Unwissen darüber, wie man Wut, Traurigkeit oder Angst ausdrücken kann, (und überhaupt, wer hat das denn schon gelernt - es gab vermutlich zu wenig Schulung und Praxiserfahrung hierfür) wiederholende Konflikte. Es ist wichtig zu wissen, was du empfindest und fühlst und wie du es ausdrücken kannst, sodass andere dich verstehen können. Wie viele Leute in Beziehungen beklagen sich über die Tatsache, dass ihr/e Partner/in nie mit ihnen über ihre Gefühle redet? Viele Menschen wissen nicht mal, was sie fühlen. Wut wird oft mit Schuld verwechselt, Angst im Bauch kann mit Hunger verwechselt werden, oder auch mit Einsamkeit. Die angenehmeren Emotionen wie Glück und Freude, die Fähigkeit sie zu erkennen und zu kommunizieren, sind Schlüsselfaktoren für den Aufbau und Erhalt von harmonischen Beziehungen.

Im Laufe deines Lebens wirst du viele Meinungen und Überzeugungen anderer Menschen gehört haben, die nicht mit deiner Realität übereinstimmen. Du hast früh gelernt, dass du, wenn du in einer bestimmten Weise auftrittst, geliebt oder nicht geliebt wirst. Was mich angeht, habe ich gelernt, dass es für die Erwachsenen zufriedenstellend war, wenn ich bloß still da saß, statt laut und freudvoll zu sein. Du wirst sicher gehört haben, dass du Fremden nicht vertrauen solltest, dass es nicht sicher ist, allein im Dunkeln auf der Straße zu gehen. Das führt dazu, dass du anfängst misstrauisch zu werden und langsam wird die Mauer, die du um dich errichtest, dicker und höher. Selbst wenn sie sechs Meter hoch sein sollte, besteht sie nur, um dich zu schützen.

Irgendwann hast du eigene Ansichten über das Leben und darüber, wie es gelebt werden sollte, auch darüber, was du über dich selbst und andere denkst, du wirst selbstkritisch. All diese Dinge müssen in Betracht gezogen werden, wenn du krank bist.

Vielleicht hast du sogar schon bemerkt, dass eine Krankheit von Emotionen begleitet ist. Manchmal ist es Traurigkeit, Scham oder Wut. Das Verstehen der emotionalen, psychologischen und spirituellen Seiten, die der Entstehung einer Krankheit zugrunde liegen, ist ein komplexer Prozess, ebenso ein individueller Prozess. Es bedarf eines nach innen gerichteten Auges, das dir ermöglicht zu sehen, wie es dir geht. Die Fähigkeit, dich selbst zu spüren, muss entwickelt werden.

Ich setze mich über Vergleiche mit ähnlichen Krankheiten hinweg. Jedes Individuum hat seine eigene Reaktionen auf das Erlebte. Wir sind komplizierte Wesen. In meiner Praxis haben Klienten einfache Sachen aufgedeckt, die in der Vergangenheit geschehen sind, meist während ihrer Kindheit, die in ihrem Zellgedächtnis gespeichert waren und nie behandelt wurden, die die Ursache einer Krankheit waren. Dein Körper weiß genau was die Ursache ist, was dennoch nicht immer eine Garantie für Heilung ist. Deine Seele weiß, wann die Zeit gekommen ist, die Reise fortzusetzen. Eine Krankheit ist oft der Zeitpunkt, das einzuleiten.

Ich schreibe über Heilung, weil Menschen so oft denken, dass Heilung das ist, was in ihrem Leben geschehen muss, damit sie selbstbestimmt werden und das erfahren, wonach sie suchen. Das kann so sein, aber normalerweise ist das noch nicht alles.

Während einer Krankheit kann es ein Stadium geben, in dem du in Kontakt mit dir selbst kommst und wie nebenbei geheilt wirst. Es geschieht, wenn du dich in dein Herz hineinfallen lässt, wenn du dir erlaubst, dass deine Sinne in deinen Kern hineingezogen werden.

Viele von uns haben Kontakt mit dem, was im Körper passiert, verloren (oder die Fähigkeit noch nicht entwickelt, es wahrzunehmen). Das kommt daher, dass wir uns zu sehr daran orientieren, andere zufriedenzustellen, das „Richtige" zu tun, im Leben das zu tun, was von uns erwartet wird, statt mit dem, was wir wirklich sind, überein zu stimmen.

Ich kann sehr empfehlen, physische Beschwerden auf ganzheitliche Art und Weise zu betrachten. Ich vertraue darauf, genau den/die richtige Therapeut/in und Mediziner/in finden, wenn nötig. Wenn du deine Probleme auf einer zellulären Ebene ausräumst, regenerieren sich deine Zellen ohne die gespeicherte, krank machende Information. Für mich ist die Verarbeitung auf dieser Ebene das Ehren von allem, was ich bin. Wenn ich mich in meinem Körper nicht zu Hause fühle, weiß ich, dass irgendwo etwas definitiv nicht in Ordnung ist, und es einen Grund dafür gibt.

Dich zu ehren ist eine Wahl. Und wenn du entscheidest, das zu tun, folgt Verehrung automatisch. Du akzeptierst die Heiligkeit dessen, wer du bist. Für manche ist das eine Pilgerreise. Was auf der Reise gelernt wird, ist transformierend, und schließt die ganzheitliche Verbesserung deines Lebensstils ein.

**Körperwahrnehmung**

Noch ein Thema, das so gut wie immer betrachtet werden muss, ist, wie groß die Akzeptanz für den eigenen Körper ist. Achtzig Prozent aller Frauen sind unglücklich mit ihrem Körper. Ich glaube, dass weibliche Unzufriedenheit mit dem eigenen Körper zu eine Epidemie geworden und ein hoher Antrieb für Esssucht und seine Sidekicks ist: Essstörungen, Diabetes, metabolische Syndrome, chronischer Stress, hormonelle Aussetzer, beschleunigte Alterung und Fettleibigkeit.

Frauen vergleichen. Sie vergleichen ihre Beine, ihre Brüste, ihre Bäuche, ihre Haare und mehr, was ganz offensichtlich Gefühle von Unvollkommenheit und Selbsthass erzeugt. Es gibt so viele „Ich hasse meinen Körper"-Momente. Ich hasse meine Arme. Ich hasse meinen Bauch. Ich hasse meine Oberschenkel. Körperunzufriedenheit hört nie auf und ist – wenig überraschend – schlimmer, wenn du übergewichtig bist. Dies ist pure Selbstschikane.

Von den Medien wird so viel Druck auf Frauen und Mädchen ausgeübt, dass sie dem Bild, wie sie sein sollten, um perfekt und hübsch zu sein, Glauben schenken. Dies ist eine Illusion. Du bist mit einem komplett perfekten Körper geboren. Es besteht keine Notwendigkeit ihn zu verändern oder ihn zu verschandeln. Es besteht kein Grund dich als fett, rund oder alt zu betrachten. Dein Körper ist dein Zuhause, damit erfährst du die Welt, er erzählt dir die Geschichte deines Lebens. Er nimmt sogar die Form an, die du ihm in Gedanken gibst. Er zeigt die Last, die du auf deinen Schultern trägst, die dich niederdrückt und deinen Rücken unter dem Gewicht krümmen lässt. Er zeigt, wie stolz du bist oder wie wenig aufrecht du stehen möchtest. Was sagt dir dein Körper über dich?

Auf einer tieferen Ebene geht es darum, wie du dich in deinem Körper fühlst. Bist du wie eine Außerirdische, die sich nach einem anderen Körper sehnt, oder eine Frau, die voll in ihrem Körper ist und sich mit ihrer einzigartigen Biologie zu Hause fühlt?

Wenn du die 40+ im Leben erreichst, ändert sich die Hormonzusammensetzung und dein Körper fängt an sich zu verändern. Viele Taillen werden größer im Umfang, ein wenig Speck erscheint um die Mitte. Frauen haben eine genaue Vorstellung, die mit kulturellen und ethnischen Einflüssen einhergeht, davon, wie ihr Körper aussehen sollte. Dies ist normalerweise nicht, wie wir aussehen wollen. Viele ältere Frauen sind mit ihren Körpern unzufrieden. Wer schaut in den Spiegel und kritisiert nicht Größe und Form? Dies mindert den Körperbewusstsein, und Frauen neigen dazu, sich in diesem Stadium gehen zu lassen, als ob es ohne Bedeutung sei. Mehr Kuchen wird gegessen, ein paar Gläser Rotwein mehr werden getrunken, und weniger Bewegung schleicht sich ein. Ich habe von vielen Frauen in diesem Alter gehört (und schließe mich mit ein), dass es ein wirklicher Kampf ist, das Gewicht im Schach zu halten. Für diese Gewichtszunahme kann es auch medizinische Gründe geben.

Niemand setzt sich in dieser Phase deines Lebens mit dir hin, wie sie es tun, wenn du ein Teenager bist, und spricht mit dir über diese Veränderungen. In meinem eigenen Kreis wurde es kaum erwähnt. Männer und Frauen erleben wesentliche physische und emotionale Veränderungen im mittleren Alter, es ist ein normaler Vorgang des Lebenszyklus. Die körperliche Veränderungen können noch wesentlichere Konsequenzen auf das Leben einer Person haben als die, die in der Pubertät geschehen, aber die meisten von uns wurden kein bisschen darauf vorbereitet.

Deine Nebennierenhormone, Schilddrüsenhormone und sogar Insulin (ein Hormon, das den Blutzucker reguliert) können sich mit wesentlichen Konsequenzen für dein Leben verändern. Das kann sich in vielfältiger Weise zeigen – Schlafprobleme, Gewichtszunahme, Libidoveränderungen, Haarausfall, graue Haare, Kopfschmerzen, Reizbarkeit, Veränderung der Sehkraft, Benommenheit, Konzentrationsschwierigkeiten, Hitzewellen oder Stimmungsschwankungen. Darüber hinaus kann es zur berühmten Midlife-Krise kommen, in der Männer oft nach einer jüngeren Frau

Ausschau halten oder sich einen roten Sportwagen kaufen. Es ist einfach so, dass Menschen anfangen sich zu fragen, was sie in ihrem Leben verpasst haben könnten, und versuchen es nachzuholen, bevor es zu spät ist. Das ist normal.

Es ist so wichtig, dass Frauen verstehen, worum es sich bei der Veränderung handelt, damit sie es akzeptieren können und sich mit Selbstvertrauen und Schönheit in den Prozess stürzen können. Nur dann kannst Du seine Rhythmen und Zyklen zelebrieren, als die herrliche Ressource, die sie sind. Es ist so exquisit schön, wenn eine Frau die Ansammlung ihrer Jahre und ihrer Weisheit zelebrieren kann und es ablehnt, ihre Lebensenergie zu verschwenden, um die Veränderungen in ihrem Körper und ihrem Leben zu verschleiern. Dies ist eine Zeit für dich, und dafür, deinen eigenen Frauenkreis und deine Ahnen zu feiern. Es ist eine Zeit des Lernens und des In-sich-Gehens, um dir zu ermöglichen, den Schleier der Schönheit der Jugend fallen zu lassen und eine verborgene und weise Frau erscheinen zu lassen. Es ist die Zeit, um das, was du schon erreicht hast, zu respektieren und um dich zu fragen, wie du dich fühlst. Es wäre wundervoll, Bilder von realen Frauen in den Medien zu sehen, die nicht mithilfe von Photoshop in unmögliche fremde Kreaturen verwandelt wurden. Dies ist die Ära der silberne Kraft.

**Stress**

Vor kurzem hatte ich ein Gesundheitsproblem. Ich bin niemand, der sofort zum Arzt rennt, aber nach vier Tagen hat eine Freundin mir zugeredet, medizinische Hilfe zu suchen, was ich auch tat. Ich ging voller Hoffnung zu meinem Termin, ging aber so am Boden zerstört wieder weg, dass ich kaum imstande war, auf die Worte des Arztes zu reagieren.

Nur daran zu denken, was mir gesagt wurde, was meine Diagnose sein könnte, obwohl bis dahin eigentlich noch gar nichts festgestellt worden war, hielt mich in einem Zustand von Panik, und mein Gesundheitszustand verschlechterte sich sichtlich. Mein Körper wurde mit Stresshormonen überflutet, die die Fähigkeit haben, bestimmte Teile des Gehirns auszuschalten, unter anderem das Verdauungssystem.

Was ich nur für eine geringe Krankheit hielt, nahm enorme Dimensionen an und ich musste viele schmerzhafte Untersuchungen durchstehen. Nach zweieinhalb angstbesetzten Monaten, Sorgen und Schmerzen, bekam ich die Ergebnisse. Also wenn die ursprüngliche Diagnose des Arztes, der, wie ich glaube, nur das Beste für mich wollte, nicht so dramatisch gewesen wäre, hätte ich mir nicht so viele Sorgen gemacht und weniger Stress gehabt. So sehr ich auch versuchte, mich mit rationalen Argumenten zu beschwichtigen, dass alles in Ordnung sei und ich nicht mega krank sei, so war mein Körper doch in kompletter Panik, was rationales oder kreatives Denken sehr erschwerte. Mit so viel Cortisol-Stresshormonen, die konstant durch mein System flossen, war ich einem noch größeren Risiko zu erkranken ausgesetzt. Also, obwohl es entscheidend war zum Arzt zu gehen und eine Diagnose zu erhalten, und obwohl ich auch Journey Arbeit auf meine Symptome geleistet habe, hat die Erfahrung dazu beigetragen, dass ich mich krank fühlte.

Der intuitive Teil von mir wusste, dass eine Veränderung in meinem Körper stattfand und dass ich nicht ernsthaft erkrankt war. Als ich endlich die Enddiagnose bekam, war es eine Entwarnung. Ich konnte wieder atmen, und ich schüttelte den Umhang des „Krankseins", den ich zu diesem Zeitpunkt angezogen hatte, von mir ab. Von diesem Moment an heilte mein Körper schnell. Manchmal können wir nicht alles, was passiert, erklären. Gleichzeitig fühlte es sich richtig für mich an, all den vorgeschlagenen Wegen nachzuforschen. Es besteht gar kein Grund, die traditionelle Medizin zu verteufeln. Wir können davon gewinnen. Daraus ziehe ich die Lehre, in Zukunft auf das zu hören, was ich für mich als Wahrheit erkenne.

Dies ist nur ein Beispiel, was Stress mit deiner Gesundheit machen kann. Emotionaler Stress wird teilweise als Ursache für physikalische Störungen betrachtet. In der Tat resultieren die meisten körperlichen

Krankheiten aus emotionalen, psychologischen und spirituellen Krisen. Es gibt viele Ursachen für Stress. Meine Hoffnung ist, dass du auf gesunde Weise ganzheitliche Verfahren mit traditionellen medizinischen Behandlungen verbinden wirst. Wir sind Körper, Geist und Seele, alles zusammen. Und du bist ein energetisches Wesen. Du kannst nichts auf nur einer Ebene behandeln.

**Eine Einladung**

Ich finde es wichtig, regelmäßig meine eigene Energie zu erfühlen. Um dies zu tun, mache ich es mir bequem, sitze in einer aufrechten Haltung und nehme einige tiefe Atemzüge. Ich bringe mein Bewusstsein in meinen Körper, von außen nach innen, und ich fange an, mich mit längerem Einatmen und Ausatmen zu entspannen. Ich lasse den Tag und alle Sorgen, los. Ich erlaube meinem Bauch, meinen Beinen und Armen, meinem Nacken und Schultern, sowie auch den Muskeln in meinem Gesicht weich zu werden.

Oft fühlt sich das an, als ob Energie um mich geschlungen sei, fast wie eine Decke. Wenn ich mich überfordert fühle, ist mein Atem meist flach und ich spüre das Bedürfnis, mich vor Eingriff zu schützen. Oder ich spüre, wie meine Energie so weit hinausfliegt, dass sie die ganze Welt umfasst und ich bin in meinem Sein nicht mehr zentriert. Manchmal verweile ich zu lange in meinem Kopf, bin zu sehr besorgt oder grüble zu viel.

Falls meine Energie sich entfernt, hole ich sie wieder zu mir zurück. Falls sie sich zusammen zieht, beanspruche ich dann meinen rechtmäßigen Raum, indem ich meine Energie ein wenig zu allen Seiten herausschiebe. Falls meine Energie im Kopf ist, bringe ich sie in meinen Bauch. Falls ich eine starke Emotion habe, akzeptiere ich sie und gebe ihr Raum da zu sein und sich auf natürliche Weise aufzulösen. Und wie ein Kieselstein, der langsam ins Wasser fällt, falle ich in die Tiefe meines Seins, weiter als die Emotionen, die dort sind, in das, was ich wirklich bin, das nicht von meinem Körper begrenzt wird und das sich gut anfühlt. An diesem Platz entspannen sich meine Schultern, ich fühle mich ruhig, kraftvoll und zentriert. Mein Herz fühlt sich frei an zu lieben, wenn ich meinem Körper dafür danke, dass ich atmen, fühlen, schmecken, sehen, arbeiten und meine Glieder bewegen kann. Das betrachten wir oft als selbstverständlich. Erinnere dich daran, dass du perfekt bist, so wie du bist.

Überlege, ob du eine energetische Übung zu deiner Routine hinzufügen kannst. Ein Favorit von mir ist Yoga, das einige Vorzüge bietet:

Yoga stärkt deinen Körper und erhöht deine Flexibilität.

Yoga unterbricht deine Gewohnheiten durch das Schätzen von Demut und das Schrumpfen des Egos.

Yoga richtet den Fokus auf die Gegenwart, das Bewusstsein, die Gedanken und es löst dich von fixen Ideen und Materiellem.

Ein Körper ist jeden Tag anders, das zeigt sich auf der Yogamatte. Die Stellung, die ich gestern gut gemacht habe, mag heute kaum möglich sein. Das ist eine Metapher für Körperwahrnehmung, die sich ständig verändert. Yoga lehrt mich, diese Veränderungen wahrzunehmen, ich vermeide es, ihnen irgendeine Bedeutung zu geben oder sie zu beurteilen, und passe mich und meine Gedanken an, damit ich mich weiterbewegen kann. Wenn ich Yogaübungen mit meinem Verstand mache, kann ich das Geschwätz um das Körperimage hören, das, was es ist: eine Oberflächlichkeit, die ich mit Selbstbewusstsein und einer Portion Mitgefühl, nicht nötig habe.

**Nahrung**

Eine der Säulen der Gesundheit ist unsere Ernährung. Lebensmittel liefern nicht nur Nahrung. Sie können dich auch krank machen.

Hier muss ich die Menschen auf dem Planeten erwähnen, die wenig oder gar keine Nahrung haben. Ich bin dankbar für das, was ich zu essen habe, und ich esse gern und meistens mit einem Gefühl der Freude. Lebensmittel sind für mich eine Symphonie der Sinne. Ich esse bewusst und frage meinen Körper oft, was ich essen muss, was er möchte, was ich essen soll. Oft habe ich Verlangen nach etwas, das ich normalerweise nicht essen würde, so wie Milchreis. Mein Körper sagt mir in diesem Moment, dass es gut für ihn ist, und es ist eine eher intuitive Art des Essens, die nicht von vielen Menschen praktiziert wird.

Ich esse aus Freude, beurteile das Essen nicht. Stell dir vor, wie es ist, dem, was Du isst, eine Note zu geben, und was das mit deinen Zellen macht. Wenn du deine Nahrungsaufnahme als dick machend, beschädigend siehst, wird dir das gut tun? Nein, wird es nicht.

Lebensmittel werden oft missbräuchlich und falsch verwendet. Esssüchte, Verlangen, Fressorgien, nicht genug essen, zu viel essen, Bulimie, Anorexie und mehr können Hinweise auf emotionale Erschöpfung, Frustration oder Einsamkeit sein. Diese Themen sind weitverbreitet.

**Selbstbefragung.**

Hast du gemerkt, ob du irgendein Problem mit Nahrung hast? Dies könnte Überernährung sein, Unterernährung, zu viel Zucker, zu viel Fett, Junkfood, Schokoladensucht, Zigaretten oder Alkohol.

Gehst du spät abends zum Kühlschrank? Stell dir vor, was du fühlen würdest, wenn du dir diese Gewohnheit verbieten würdest. Wirst du Einsamkeit, Wut, oder was anderes fühlen?

Merkst du, dass du Spaß vermeidest oder zu hart arbeitest? Gehst du jemandem oder sogar dir selbst auf diese Weise aus dem Weg?

Macht es dich wütend, wenn du dir nur vorstellst, auf Zucker zu verzichten?

Hast du irgendwelche kontraproduktive Muster von Schuld und Tadel oder das Gefühl, dass du nicht gut genug bist?

Verbringst du viel Zeit damit, über Selbstzweifel zu grübeln, etwas zu bedauern oder etwas oder jemandem nachzutrauern? Wenn ja, erlaube dir, traurig oder wütend über die damit verschwendete Zeit zu sein.

Vergleichst du dich mit anderen, von denen du meinst, sie seien besser als du?

Fühlst du dich beschämt oder schuldig?

Gibt es irgendeinen Glaubenssatz über Essen, der dich einschränkt? Für mich war es: „Iss auf, hunderte in der Welt verhungern". Ich kenne ältere Menschen, die Dosenfutter bunkern, weil Lebensmittel nach dem Krieg knapp waren.

Wenn du eine deiner Stärken nutzt (zum Beispiel Humor, Dankbarkeit, Liebe, Mut, Geduld, Führungsqualitäten, Lebendigkeit, Kreativität, Neugierde, Vertrauenswürdigkeit, Spiritualität, Lernfähigkeit) und sie anerkennst, wirst du dein Essverlangen weniger unterdrücken. Du wirst dich auf dem Weg deiner Stärken befinden und dein Leben wird sich zum Besten wenden.

Falls eine Essstörung vorhanden ist, ist es Zeit Hilfe zu suchen. Liebe deinen Körper, indem du das tust!

Leute, die eine positive Einstellung zu sich selbst und ihrem Körper haben, neigen dazu, gesündere Lebensmittel zu wählen, ihre Gesundheit profitiert davon. Indem du dir der eigentlichen Verbindung bewusst wirst, die du mit deinem Planeten, der dich mit Medizin, Nahrung, Schutz und Kleidung ausstattet, hast, eröffnet sich dir ein größeres Gefühl von Raum und zeitloser, bedingungsloser Liebe.

## Frieden

Ich bin eine leidenschaftliche Verfechterin von Gewaltlosigkeit, was nicht zu verwechseln ist mit Passivität oder der Sucht nach Harmonie. Deshalb gebe ich eine Einladung an alle Frauen auf der Welt heraus, sich zu verbinden, zu tanzen und einer Revolution zur Beseitigung von Gewalt gegen Mädchen und Frauen beizutreten. Gewaltfreiheit und Frieden sind bedeutend für menschliche Entwicklung.

Wir müssen uns von Unterdrückung, Verdrängung und allen Formen der Gewalt befreien. Die Auswahl schließt Schlagen, sexuelle Belästigung, Vergewaltigung, Zwangsehen, die Erzwingung von Sterilisation und Abtreibung, illegalen Menschenhandel, genitale Verstümmelung und Massenvergewaltigungen (die oft als Kriegswaffe verwendet werden) ein. Es geschieht hinter verschlossenen Türen, es ist sogar an manchen Orten auf der Welt, wie in Bali, für Ehemänner legal, ihre Frauen zu bestrafen, wenn sie sich nicht wie erwartet benehmen. Scheidung ist für sie keine Option. Jegliche Gewalt, sowohl von Frauen oder männlich, ist eine Verletzung der Menschenrechte.

Ich freue mich, dass die Revolution schon angefangen hat. Trotzdem ist es wichtig, dass wir unsere Augen nicht verschließen in Anbetracht dessen, was genau vor unseren Augen passiert. Frauen in schwierigen Beziehungen schämen sich oft. Sie verstecken sich, halten still und tolerieren Situationen, die eigentlich nicht hinnehmbar sind. Einige

Frauen sind abhängig von ihren Peinigern. In manchen Ländern haben Initiativen begonnen, um mehr in die Öffentlichkeit zu bringen und um den Opfern Hilfe anzubieten. Prinzessin Mary von Dänemark hat schon tolle Arbeit für Kinder geleistet, die aus Familien kommen, in denen es häusliche Gewalt gibt. Sie gründete eine Stiftung gegen Mobbing und Gewalt an Frauen. Ihrem Beispiel sollten wir folgen.

Den Statistiken über häusliche Gewalt entsprechend, wird eine von drei Frauen missbraucht. Das passiert in jedem Alter. Fünfunddreißig Prozent aller Frauen in Deutschland haben Gewalt entweder zu Hause, auf der Arbeit, im Internet oder in der Öffentlichkeit erfahren, bevor sie fünfzehn Jahre alt sind. Vierzig Prozent aller Mädchen zwischen vierzehn und siebzehn Jahren kennen ein Mädchen, das von ihrem Freund geschlagen oder verprügelt worden ist. Es ist auch eine Tatsache, dass jedes Jahr über drei Millionen Mädchen gefährdet sind, Genitalverstümmelungen zu erfahren. Das macht 8000 pro Tag. Viele Mädchen haben niemanden, an den sie sich wenden können, wenn sie ein Problem haben. Wenn wir auch Menschenhandel dazu ziehen, stellen Mädchen unter achtzehn Jahren die größte gefährdete Gruppe dar – es wurde geschätzt, dass ungefähr eine halbe Million Mädchen jedes Jahr Mädchenhändlern zum Opfer fallen. Das ist ein Problem mit epidemischer Dimension.

1995 wurde in Peking ein Meilenstein gesetzt, wo sich Abgesandte aus 189 Ländern trafen, um eine Plattform zu kreieren. Seither wurden viel geleistet, dennoch gibt es noch so viel, was noch werden muss. Es sind nicht nur Frauen betroffen, auch Kinder und die ganze Gesellschaft. Der Gedanke, dass einer meiner Söhne erwarten könnte, dass Mann sein bedeutet, über Frauen zu herrschen, ist schmerzlich.

Nicole Kidmann, amerikanische Schauspielerin und freiwillige UN Botschafterin, sagte:

> *„Stell dir einen mutigen Plan für eine Welt ohne Diskriminierung vor, in der Frauen und Männer gleichwertige Partner in der Gestaltung ihrer Gesellschaft und ihrer Leben sind."*

Es liegt zwischen den Geschlechtern eine fest verankerte Ungleichbehandlung. Auch Frauen müssen ihr Leben nach ihren eigenen Vorstellungen leben können.

Es ist normal, dass die Frage auftaucht, warum so viele Frauen missbraucht werden. Ich möchte auf das Konzept um Gewalt und Aggression eingehen. Spirituelle Leute nehmen an, dass alle Gewalt und Aggression schlecht sind. Es ist, als ob das Wort „spirituell" bedeutet, dass es nur Frieden, Harmonie und Gewaltlosigkeit geben sollte. Wer möchte nicht Harmonie leben? Dieses Konzept sollte dennoch in Frage gestellt werden.

Es ist wunderbar, auf Schönheit, Frieden und Harmonie, besonders in der Natur, fokussiert zu sein. Aber die Natur und der Kosmos sind nicht immer friedlich. Genau gesehen sind sie mit explosiver Energie gefüllt, ebenso sieht es aus, als ob sich alles in perfekter Harmonie öffnet und entfaltet. Wenn ein Samen aufgeht, explodiert er. Wenn ein Baum wächst, schiebt er alles aus dem Weg. Der Ozean bricht ständig an der Küste mit Wellen, die oftmals zerstörerisch sind. Gewitter, Wirbelstürme, ausbrechende Vulkane und Tsunamis können Landstriche verwüsten. Die Geburt ist ein Akt ungewöhnlicher Gewalt. Galaxien und das Universum entstehen durch die Eruption unglaublicher Energie.

Gewalt und Aggression gehören zur Natur und dem Universum. Dies ist normal. Gewalt und Aggression in sich sind nicht schlecht. Die Frage ist, ob sie kreativ oder destruktiv sind.

**Kreative Aggression**

Ich bin mit meinem Mann nun schon neununddreißig Jahren in einer Beziehung. Obwohl wir uns in und auswendig kennen, haben wir Auseinandersetzungen mit Feuerwerkpotential. Früher hat mich das gestört, jetzt aber weiß ich, dass es die Luft reinigt. Es ist gesund und normal, es befreit, was viel zu lange unbewusst festgehalten wurde, und löst sich auf. Es bewegt auf positive Art und Weise vorwärts. Explosionen scheinen für uns notwendig zu sein. Dies ist kreative Aggression, die jeder – zumindest hin und wieder – bei Auseinandersetzungen anwenden sollte.

Es wird Zeiten geben, in denen du stark sein und deine Meinung klar ausdrücken musst. Heftig aufbrausen mit Wut und Mitgefühl mag sich unbequem anfühlen und mag in der Tat deine hohe Wertvorstellung hinsichtlich des Friedens überschreiten. Das kann sogar Scham verursachen. Aber es ist eine Kraft der Natur, und wenn sie richtig benutzt wird, ist sie eine enorme Energie und fühlt sich wirklich gut an. Eine mächtige, explosive Befreiung ist das, was dir oft für das Ausdehnen in neue Bereiche nötig ist. Falls du eine Stimme hast, sprich bitte laut, auch für diejenigen, die keine haben!

**Destruktive Aggression**

Andererseits gibt es auch destruktive Aggression und Gewalt. Ich bin an einem Ort aufgewachsen, an dem ein Gemütszustand hoffnungsloser Resignation herrschte, in Nordirland. Damals war es ein Ort, wo Terror und Gewalt einen wesentlichen Bestandteil des täglichen Lebens ausmachten. Barrikaden wurden auf den Straßen aufgestellt. Grenzlinien teilten einen Teil der Stadt von dem anderen. Eine ominöse Stille und Misstrauen entwickelte sich zwischen Kollegen und Nachbarn. Kinder wurden trainiert und zur Gewalt verpflichtet. Die Gesellschaft bekriegte sich selbst, und obwohl jeder weiß, dass der Gebrauch von Waffen nie langfristigen Frieden bringen kann, war lange Zeit niemand im Stande, eine realisierbare Alternative vorzuschlagen.

Es herrschte etwas Irreales um die Unruhe in Nordirland, etwas Albtraumartiges. Eine friedliche Straße ist plötzlich in einen Kriegsschauplatz verwandelt, und die Opfer dieses Krieges sind deine eigenen Freunde und Nachbarn. Sogar Schulkinder sind Opfer. In Häusern, Läden, Büroräumen, in Kneipen und Fabriken war die Luft selbst mit Verdacht und Hass vergiftet. Kein Kampf kann bitterer sein als der, der zwischen Menschen stattfindet, die sich nahe sind.

Ich sah ein, dass es wichtig ist, die eigenen Schatten anzuschauen. Wenn das nicht getan wird, erhöht sich die Wahrscheinlichkeit, dass die Schatten projiziert werden. Das passiert ständig. Wenn ich Wut fühle, ist es meine eigene Wut. Warum sollte ich sie an jemand anderem auslassen? Es gibt einen Grund für meine Wut. Und es ist nicht nötig, das patriarchalische System zu kopieren, indem ich sie projiziere. Ich schaue meine Wut lieber an und erlebe tiefe innere Transformation und finde wahre Heilung.

**Die Rolle des Weiblichen**

Frauen sind kreative Wesen, imstande Kinder zu gebären. Eine Mutter empfindet unendliche Liebe, Zärtlichkeit und Wärme. In der Furie des Weiblichen besitzt eine Frau die Kraft einer Löwin, um ihre Kinder vor Schaden zu schützen. Wir erleben momentan viele Frauen in der Welt, die diese Qualitäten verkörpern, zum Beispiel Marianne Williamsen und Eve Ensler. Diese Frauen sprechen von der Seele zur Seele, das hat eine profunde Auswirkung.

Wir sind keine Opfer. Wir sind Überlebende, und wir können aus unseren Erfahrungen lernen, um die Zukunft zu verändern. Frauen wurden traditionell durch physisch stärkere Mächte unterdrückt, die sie schikanieren, fertigmachen, peinigen und demütigen. Die Konsequenz des Widerstands sind sehr schlimm. Die Familie zu nähren und zu beschützen, kann, ganz vernünftigerweise, so viel Energie kosten, dass für Behauptung und Widerstand keine Energie mehr vorhanden ist. Zusätzlich zur Angst entsteht daraus ein giftiger Cocktail aus unterdrückter Wut und Elend. Wenn dies nach innen gerichtet wird, findet man sich am Ende in der Opferrolle.

Meine Mutter war eine sehr weise Frau. In ihrer Zartheit lag eine unglaubliche Stärke. Dies ist eine kraftvolle weibliche Qualität. Sie wusste genau, was sie wollte, und das bekam sie normalerweise auch. Ich erinnere mich, wie sie mir erzählte, dass das, was uns klein zu machen versucht, uns nur stärker macht. Ich habe schon die feine Instinkte erwähnt, die ich auffange. Im Krankenhaus, während ich im Gang sitze und darauf warte, hineingerufen zu werden, wenn ich für eine Mammographie dran bin, fühle ich den Schmerz und die Angst aller Frauen vor mir, die Angst derjenigen mit Brustkrebs und die Angst vor der Diagnose. Ich weiß, das ist nicht meine Angst oder Schmerz, ich habe Mitgefühl für sie alle.

Lass uns das Wort Mitgefühl anschauen, auf englisch compassion. 'Com' plus 'passion' gleicht Liebe, Zusammengehörigkeit und Empathie, alles in einem Wort. Ich habe festgestellt, dass je mehr eine Frau ihre Beziehung mit sich selbst heilt und je mehr sie ihre authentische weibliche Kraft zurückholt, umso mehr wird sie andere gleichgesinnte Seelen-Schwestern anziehen.

Es ist so entscheidend, dass Frauen ihre Geschichten erzählen, sich eine Stimme geben, aus ihrer Scham und Isolation herauskommen. Die weibliche Stimme wird die Welt besänftigen und sie in ein ganz neues Leitbild hineinbewegen. Zusammen können wir so viel erreichen. Wir brauchen Künstlerinnen, die aus ihrer Seele heraus kreieren und eine Wirkung auf andere haben. Wir brauchen neue Initiativen, um ein Beben auf der ganzen Erdkugel zu erzeugen. Und wir müssen zuhören. Es gibt eine direkte Verbindung zwischen der Veränderung im Bewusstsein, wenn Stimmen gehört werden, das Verlangen nach Frieden, und das Ende der Unterdrückung und der Opferrolle der Frauen weltweit über tausende von Jahren. Wir haben die Wahl.

Frieden ist nicht die Abwesenheit von Krieg, Frieden ist eine Tugend. Wenn wir gemeinsam agieren, als Bündnis, kommt unsere Stärke von der kritischen Masse. Gemeinsam ist es einfacher, uns zu entwickeln und Einfluss zu nehmen. Stelle aber nicht die Schikane in den Vordergrund, die sollte Vergangenheit sein. Wir können diese Geschichten nicht verändern. Sie können nur durch das weibliche Prinzip des Genährt-werdens und Liebe geheilt werden.

Erinnere dich daran, dass ihr nicht nur aus eurem Körper besteht. Ihr habt auch euren Verstand, aber das seid ihr nicht ausschließlich. Ihr seid etwas viel Größeres, viel Intelligenteres, viel Göttlicheres als ihr glaubt. Ihr seid der Mikrokosmos des Universums. Ihr seid Frauen. Frauen sind anders als Männer. Wie Eve Ensler es nicht zu Unrecht in einem ihrer Bücher ausdrückte, wir sind emotionale Wesen. Diese Emotionen brauchen eine Stimme. Es ist okay, vollkommene menschliche Wesen zu sein!

**Vergebung**

Es tut gut zu vergeben. Der größte Beitrag, den du leisten kannst, wie ich bei mir erkannt habe, ist Frieden in deinem Herzen zu haben. Vergeben bewirkt, dass Brücken zum Frieden gebaut werden.

Jede von uns hat etwas in ihrem Leben, das der Ursprung von Schuld, Kummer, Scham, Ärger, Traurigkeit oder Bedauern ist. Wenn du darüber nachdenkst, wirst du etwas finden, das du gesagt oder getan hast, das noch schwer auf deinem Herz liegt. Vielleicht hast du ein Versprechen nicht eingehalten, eine ungesunde Wahl getroffen, jemanden betrogen, belogen, etwas unfreundliches ausgesprochen oder deinen Mund gehalten, als du etwas hättest sagen sollen. Emotionen, die nach innen gehen, fangen an zu garen und können uns überwältigen. Sie können zu Verhaltensproblemen, Depressionen und Krankheiten führen.

Heilung beginnt, wenn du bereit bist, anderen und dir selber zu vergeben. Es macht keinen Unterschied, wie alt die Wunde ist, oder ob die beteiligten Menschen noch leben oder verstorben sind. Vergebung befreit von der Bindung mit der anderen Person, die dich verletzt hat. Wenn wir ehrlich sind, dann machen Menschen oft Dinge, die nicht in Ordnung sind. Menschen, die vom Weg abgekommen sind, machen oft Fehler. Wir wurden alle irgendwann mal im Leben gebrochen und verwundet, manche heftiger als andere. Es ist nachgewiesen, dass Leute, die anderen die abscheulichsten Sachen antun, diejenigen sind, denen selber am meisten wehgetan wurde. Es besteht eine feine

Grenze zwischen Gut und Böse, der wir täglich begegnen, in unserer Familie und in uns selbst. Wir hoffen immer, dass das Leben das Beste in uns hervorbringen wird, nur manchmal begegnen wir zuerst der Schattenseite.

Dir zu sagen, dass du ein schlechter Mensch bist, ist vergiftend und kann gegen die Evolution wirken. Selbstvergebung ist oft noch schwerer. Der Prozess ist anhaltend und geschieht normalerweise nicht über Nacht. Sei sanft mit dir, erinnere dich, dass du ein Mensch bist, und fühle Mitgefühl mit dir selbst. Ewigen Frieden findest du in der Tiefe deines Herzens. Die Quelle des Glücks und der Ganzheit lebt in dir als die Wahrheit dessen, wer du bist, wenn du Selbstvergebung praktizierst.

Lasst uns Frieden schaffen, innerhalb und außerhalb von uns. Was wir wahrnehmen, ist nur eine Spiegelung dessen, was in uns ist. Lasst uns Verantwortung für das übernehmen, was wir denken, sagen und tun. Wir sind an einen Punkt in der Geschichte angekommen, an dem der Hass in unserer Gesellschaft in Liebe und Frieden umgewandelt werden muss. Wir können eine Rolle in diesem Prozess der Veränderung haben. Die unverfälschte Liebe einer einzigen Person kann den Hass von Millionen aufheben. Schau dir Mutter Teresa als Beispiel an. Wir haben alle diese Kraft.

Hier ist ein Gebet für Frieden, das dem heiligen Franziskus von Assisi zugeschrieben wird:

> *Oh Herr, mache mich zu einem Werkzeug Deines Friedens.*
> *Dass ich Liebe übe, da wo man mich hasst;*
> *dass ich verzeihe, da wo man mich beleidigt;*
> *dass ich verbinde, da wo Streit ist;*
> *dass ich die Wahrheit sage, da wo Irrtum herrscht;*
> *dass ich den Glauben bringe, wo Zweifel ist;*
> *dass ich Hoffnung wecke, wo Verzweiflung quält;*
> *dass ich Dein Licht anzünde, wo die Finsternis regiert;*
> *dass ich Freude bringe, wo der Kummer wohnt.*

*Ach Herr, lass mich trachten: nicht, dass ich getröstet werde,
sondern, dass ich tröste;
nicht, dass ich verstanden werde, sondern, dass ich verstehe;
nicht, dass ich geliebt werde, sondern, dass ich liebe.*

*Denn wer sich hingibt, der empfängt;
wer sich selbst vergisst, der findet;
wer verzeiht, dem wird verziehen;
und wer stirbt, der erwacht zum ewigen Leben.*

Amen.

## Die Natur

Mir mal den Kopf durchpusten lassen, Raum finden, um zu atmen und zu mir zurückkommen ist etwas, dass ich am besten draußen kann. Ich werde von der Natur sehr angezogen und ich muss regelmäßig raus, um gesund zu bleiben.

Ich finde stillschweigenden Frieden, wenn ich einen Spaziergang im Wald mache, wo ich die Natur als unversehrt wahrnehme. Es wirft mich zurück in die Frau, die ich ohne Make-up bin, ohne das Bedürfnis, irgendetwas an mir zu verbessern. Ich bin eine Bewohnerin der Erde und ich spüre sowohl meinen Körper als auch die Erde. Ein Spaziergang in der Natur kann unsere fundamentalen Bedürfnisse erfüllen. Die Natur ist unsere größte Mentorin, vorausgesetzt wir geben auf sie acht.

Ich habe mehr als 20 Jahre in einem kleinen Dorf im Norden Deutschlands gewohnt, und es gab kaum eine Woche, in der ich die Wege nicht rauf und runter gegangen bin. Als meine Kinder klein waren und frische Luft brauchten, spazierten wir die staubige ungeteerte Straße zum kleinen Bach, der nur Wasser führte, wenn es geregnet hatte, und in der Sommerzeit austrocknete. Es gab immer etwas zu machen und zu sehen. Als die Kinder größer wurden, tauschte ich die Kinderwagen gegen ein Pferd, und verbrachte, zu meinem Vergnügen, meine Freizeit mit Ausritte. Bei meinem Isländer, für den jeder Ausflug wie der allererste ist, scheint der Reiz des Neuen bei vielen Tieren nie nachzulassen.

Ich habe immer das Gefühl gehabt, dass mein Verstand sich draußen ausdehnt. Neugierde ist untrennbar mit solchen Aktivitäten wie spazieren gehen oder reiten verbunden. Große Vögel zu sehen und, wenn ich wirklich Glück habe, einen Adler im Sturzflug herunterfallen zu sehen, gibt mir ein majestätisches Gefühl. Die Landschaft befriedigt psychologische Bedürfnisse, wenn ich mich am Anblick der herrlichen Welt erfreue, die sich vor mir erstreckt, der Verstand fühlt sich danach gereinigt an, als ob die Glasscheibe, wodurch ich sehe, geputzt wurde.

Ich nehme Intimität zwischen uns und der Welt wahr. Täglich erwachen wir morgens im Licht, das uns zu einem neuen Tag einlädt und geben uns zur Abendzeit dem Schlaf und der Dunkelheit hin, in die Welt der Träume. Dies ist wie jeden Morgen neu geboren zu werden und Abends den kleinen Tod zu sterben. Dazwischen sind wir mit der himmlischen Ordnung des Kosmos verwoben, in die Sterne und Planeten verstrickt, mit Licht und Dunkelheit umgeben, sichtbar und unsichtbar. Unser Bedürfnis nach Schönheit wird von der Schönheit der Natur genährt und wir fühlen uns, als seien wir dort zuhause angekommen. Sorgen und Anstrengung fallen von uns ab, wenn wir der Natur erlauben, uns sanft zu beeinflussen, und wir in die Gegenwart zurückkommen. Das mag sich naiv anhören, dennoch ist es das, was ich gern erforschen möchte.

Die Natur kann uns eine große Hilfe sein, wenn wir Kontakt zu ihr aufnehmen. Im Angesicht von Schönheit bekommst du einen klaren Überblick darüber, wie viel Hässlichkeit du aushältst und in deinem Leben zulässt. Die Natur bringt dich wortwörtlich wieder auf die Erde herunter und zeigt dir die Trivialität in Vielem, was du tust, siehst und fühlst. Eine der Gewohnheiten unserer Zeit ist, Glanz mit Schönheit zu verwechseln. Es ist wichtig, dass du deine Aufmerksamkeit auf die äußere Schönheit richtest. Dort ersetzt Fülle Gier. Leidenschaft, Kreativität, Frische und sogar Mut werden enthüllt.

Ich finde es toll, das Leben um mich herum zu spüren. Einen Berg hinaufzuklettern gibt mir das Gefühl, dass der Berg lebendig ist. Bis nach oben zu klettern ist eine Metapher dafür, ein Ziel im Leben zu erreichen. Obwohl menschliche Wesen auch ein Bestandteil der Natur sind, passiert es allzu oft, dass sie durch das Leben rennen und es nur als Zuschauer betrachten. Wenn du deine Augen zumachst, du dem Wind zuhörst, den Schnee spürst, wie er in deinen Händen schmilzt, oder fühlst, wie der Sand durch deine Zehen rinnt, dann wirst du die Natur und dich selbst mit all deinen Sinnen entdecken. Nach nur wenigen Minuten am Meer fühle ich mich viel entspannter, als nach einer Massage oder einen langen Spaziergang. Ist es der Rhythmus der Wellen, der so beruhigend ist? Oder die salzige Seeluft?

Unsere Ohren können sich nicht vor dem Lärm des täglichen Lebens verschließen. Es gibt Orte, die unsere zerzausten Federn glätten. Für manche sind es die Berge, die so gut gegen die Hektik des Lebens in der Stadt wirken. Für andere sind es die betörenden Düfte, die Asien mit seinen Blumen und Gewürzen anzubieten hat. Für mich ist es der Ozean. Egal welche Art des Entkommens die deine sein mag, genieße die Freude des Nichtstuns, während Du mit all deinen Sinnen eine Symphonie der Farben und ästhetischen Formen wahrnimmst, die die Kraft haben, dich zu besänftigen. Rieche, schmecke und nähre deine Sinne. Spüre die Sonne auf deinem Gesicht und rieche den Duft von Jasmin in der Abenddämmerung, schau den Libellen im Sommer zu, lausche dem Ruf der Eulen, während der Nacht. Die unendliche Perfektion, die von all meinen Sinnen zu jeder Tageszeit vermittelt wird, egal wo ich bin, macht, dass ich mich lebendig fühle.

Stell dir vor, wie es wäre, dir jeden Tag ein oder zwei Minuten zu nehmen und dich den Pflanzen, den Tieren und den Bäumen hinzuwenden, um zu fragen, welchen Beitrag du leisten und annehmen kannst.

Tiere sind in der Hinsicht anders als Menschen, sie leben immer in der Gegenwart und geben sich dem Leben selbst hin. Einfach nur ein Tier aus der Nähe zu betrachten, kann dich in die Gegenwart führen. Ich habe so viel von meinem Pferd gelernt, das sich für mich wie ein Spiegel verhält. Ich kann mich vor ihm nicht verbergen. Tiere beurteilen niemanden. Selbst wenn ich mein rasantes Leben spüre und mit dem Gefühl, nie genug fertig zu bekommen, von einem Ort zum nächsten eile, zeigt mein Pferd mir, wie es ist, im gegenwärtigen Moment zu leben. Das lehrt mich, dass ich meinen Körper und meine Emotionen nicht ausschalten sollte und es auch nicht kann. Es schleudert mich zu einem Ort der Akzeptanz und zwingt mich, einen Blick darauf zu werfen, was in meiner Welt los ist. Es ruft mir meine Themen, meine Emotionen, meine Limitationen, und letztendlich die Frage, ob ich ganz und gar gegenwärtig mit ihm bin oder ob mein Verstand irgendwo anders ist, ins Bewusstsein.

Eine Freundin von mir wohnte vor ein paar Jahren für eine Weile in der Nähe des Ozeans, wo sie das Glück hatte, beim Schwimmen auf Delphine zu treffen. Die Delphingruppe begegnete ihr in den Wellen, und einmal sagte sie mir, das Verhalten der Delphine schien ihre Gedanken und Aktionen auf profunde Weise zu reflektieren, was ihr tiefere Weisheiten oder Lehren über das Leben offenbarte. Sie bemerkte ein Muster in dem Erscheinen der Delphine – eines, das mit ihrer eigenen Bereitschaft, spontanen Impulsen und Funken von Intuition zu folgen, übereinstimmte. Es schien, als ob eine leise, innere Stimme sie von ihrem Computer weg rief, hinunter zum Strand, trotz des Druck bevorstehender Fristen. Dieses mal ging sie nicht zu der Stelle wo sie sonst immer badete, sondern in die entgegen gesetzte Richtung. Sie hörte ein Flüstern, das ihr mitteilte, jetzt ins Wasser zu gehen. Anstatt das Flüstern zu ignorieren, befolgte sie die Anweisung. Indem sie dies tat, zogen die Delphine sie mit subtilen Energiewellen und magischen Zusammentreffen in ihre Welt hinein. Sie traf sie häufig, und eine tiefe Beziehung mit diesen Tieren baute sich auf. Sie gaben ihr ein Gefühl von Leichtigkeit und Verspieltheit, das ihr bei ihrer Arbeit sehr half. Es ging sogar auf ihre Beziehungen über.

Osho sagte:

*„Sogar der kleinste Grashalm ist mit dem entlegensten Stern verbunden, und der ist genau so bedeutend wie die größte Sonne. Nichts ist unbedeutend, nichts ist kleiner als irgendetwas anderes. Ein Teil repräsentiert das Ganze, genauso wie der Samen das Ganze enthält."*

**Eine Einladung**

Ziehe dich heute Abend für einige Zeit von dem hektischen Treiben deiner normalen Routine zurück. Mach einen Spaziergang oder fahre zu deinem Lieblingsort und lass dich in die Weite der Welt um dich herum fallen. Für dich mag das die Beobachtung des Sonnenuntergangs über dem Ozean sein, die Sterne in den Bergen anschauen, eine von Bäumen gesäumte Lieblingsstraße hinunterzugehen oder nur aus deinem Fenster schauen, um deinen Blick zu erweitern.

Erlaube dir, über deiner Einzigartigkeit nachzudenken und gleichzeitig über deiner unbestreitbare Beziehung zu all denjenigen um dich herum. Fülle dich mit der Energie auf, die durch uns alle fließt, und erlaube dir, dich vollständig zu fühlen.

# Sehnsüchte

Sehnsüchte, wie von Danielle LaPorte, Autorin von „The Desire Map", definiert, ist

> *„ein Antrieb, sich auf eine bestimmte Weise zu fühlen. Das Verbinden mit Sehnsucht ist eine der stärksten Zielsetzungen für Manifestation."*

Die Art von Sehnsucht die ich meine, geht tiefer und ist eine Lebenskraft mit Kreativität in ihrem Kern. Sehnsucht ist ein Motor, ein Anreiz, ein energetischer Impuls, der Bewegung erzeugt. Ich meine die Kerngefühle von Sehnsucht, wie wir uns fühlen wollen und die ein Teil von uns sind. Wenn wir in diesem Zustand sind, fühlen wir uns gut. Im Gegensatz zu der Sehnsucht nach glänzenden Objekten, die im Kopf ist, oder sexueller Sehnsucht, an die viele Menschen denken, wenn das Wort Sehnsucht erwähnt wird, haben wir alle Sehnsucht danach, uns einfach nur gut zu fühlen.

Sich gut zu fühlen mag für dich ganz anders sein, als es für mich ist. Meine Art mich gut zu fühlen ist, Freude, Leichtigkeit und mich göttlich weiblich zu fühlen. Für dich ist es höchstwahrscheinlich etwas anderes. Versuche dir klar zu werden, wie du dich eigentlich fühlen möchtest, weil das eine grandiose Antriebskraft in deinem Leben ist. In Zeiten von Leid, wenn du dich an deine Kerngefühle der Sehnsucht erinnerst, bringt es dich dahin, wo du hingehen möchtest.

Alle Sehnsüchte weisen dir deinen Weg. Sie kommen nicht ohne Grund zu dir. Du entwickelst dich mit ihnen und du gehst tiefer in dich selbst mit ihnen. Jede Sehnsucht kreiert eine Intention mit Flügeln. Egal was du möchtest, sei es eine friedliche Welt, Glückseligkeit, Intimität, weniger Plastik, gesunde Nahrung oder einfach nur pure Zufriedenheit, sie gehören zu dir. Und du kannst nie zu viel haben wollen!

**Sehnsucht und Bedürfnis**

Menschen werden für Genuss geboren, um sinnliche Freude zu erfahren. Du hast so viele Nervenenden auf deiner Haut, die auf Berührung reagieren. Berührung ist dein erster Sinn, und eine große Verbündete, wenn es darum geht, ein gesundes, gedeihendes Leben und stabile Beziehungen zu erschaffen. Ich würde so weit gehen, zu sagen, dass wir in unserer modernen Kultur nach Berührung ausgehungert sind. Physische Interaktion und Warmherzigkeit werden immer weniger. Während wir über das Internet und mit unseren Smartphones interagieren, werden unsere Bedürfnisse nach Umarmungen, Massage, Berührung und physischer Intimität immer weniger erfüllt.

Tierbabys, die vorzeitig von ihren Müttern getrennt werden, gedeihen nicht und haben gute Voraussetzungen dafür, zu einem späteren Zeitpunkt in ihrem Leben emotionale und/oder Verhaltensprobleme zu entwickeln. Für Menschen ist es das gleiche. Knuddeln und Berührungen gehören zu den ersten Prägungen im Leben des Menschen. Gehalten und gestreichelt werden ist zwingend erforderlich für die Entwicklung eines gesunden Babys. Wir alle brauchen es, um uns in dieser Welt willkommen zu fühlen. Es prägt Kinder, wie sie über sich selbst denken und wie sie ihr Leben meistern werden. Es beeinflusst, wie viel Selbstwert sie haben, ihre Fähigkeit, Kritik zu verdauen, wie sie sich in ihren Körpern fühlen, wie glücklich sie sind und wie sie soziale Kontakte knüpfen. Während wir es normal finden, Kindern viel Liebe und viele

Umarmungen zu schenken, ihre Hände zu halten und ihnen unsere Zuneigung großzügig zu zeigen, scheint es für manche Erwachsene schwieriger zu werden. Jedoch brauchen Erwachsene genau die gleiche Liebe und Berührung wie Kinder. Nur eine Umarmung kann dein Nervensystem beruhigen und den Blutdruck senken.

Viele Frauen haben Pflichten, die sie davon abhalten, ihren eigenen Sehnsüchten zuzuhören – ihre Kinder, ihre Eltern, um die sie sich kümmern müssen, finanzielle Probleme, keine Zeit um etwas anderes zu tun oder Energiemangel, nachdem sie all ihre Pflichten erfüllt haben.

Was sind deine Sehnsüchte?

Verursachen sie ein Dilemma in dir?

Ich möchte dich einladen, deine Vorstellungen, wonach du dich sehnst, anzuschauen. Einschränkende Gedanken, falsche Annahmen und Angst können dazu führen, dass du glaubst, deine Ziele seien nicht mit deinem Leben vereinbar, obwohl sie es eigentlich sind. Vielleicht denkst du, dass es zu zeitintensiv oder Energieverschwendung wäre, deinem Traum zu verwirklichen. Vielleicht wurden dir von deiner Mutter oder Großmutter Geschichten von gescheiterten Frauen erzählt, vielleicht siehst du selbst überall Gründe, die dich daran hindern nach deinen Zielen zu greifen. Vielleicht ist Angst vorhanden. Du wirst aus deiner Komfortzone gedrängt werden, wenn du deinen Sehnsüchten und Träumen nachgehst. Du magst Angst haben, nicht gut genug zu sein, zu versagen. In meinem Fall war es nötig, die Angst, mich wertlos zu fühlen, loszuwerden. Deine innere Kritik sagt dir vielleicht, dass du dumm bist, doof, bedürftig, oder dass es besser wäre, wenn du nur dies oder das wärst, wenn du nur dies oder das hättest. Ich habe oft Kritik als Ausrede verwendet, um meine eigenen Unsicherheiten zu bestätigen. Solche Worte bestrafen uns. Falls du es tust, erkenne es und hör auf damit.

Frage dich, was noch möglich wäre! Was ist es, das du annimmst, aber nicht wahr ist? Vielleicht kannst du deinen Sehnsüchten und Träumen ein wenig organischer nachgehen, das tun, was machbar ist, auf die gleiche Weise, wie du deine Kinder erziehst, Schritt für Schritt. Und vielleicht gibt es noch etwas, woran du noch gar nicht gedacht hast? Auf diese Weise kannst du gleichzeitig deine anderen Verpflichtungen im Leben anerkennen.

**Ambition**

Ich glaube, wenn du einen Ruf tief aus deiner Seele bekommst, ist es deine Verantwortung, ihr zu folgen. Du musst genügend Respekt vor dir selbst haben, um mindestens eine einfache Art zu finden, ihn auszuleben. Du magst entdecken, dass Ehrgeiz in dir steckt. Falls ja, super! Wird deine Ambition durch Mitgefühl angetrieben, das von innen wächst, oder wird es durch ein Bedürfnis nach Anerkennung, Bestätigung, ein Bedürfnis, andere zu beeindrucken und als einer der Besten angesehen zu werden, angetrieben? Beide Sorten von Ambition können dich dazu veranlassen, dass du den gewünschten Zielen hinterherrennst, aber letztendlich wird die Qualität der Erfahrung völlig anders sein.

Ambition, getrieben von dem Bedürfnis nach Anerkennung, wird dir nur kurzzeitige Befriedigung geben. Du wirst kein Vertrauen haben, dass du gut genug bist, obwohl du erfolgreich bist. Wenn du aus einer tieferen Ebene heraus ehrgeizig bist, auf der du dich ausdrücken kannst und nicht das Bedürfnis spürst, die Beste auf deinem Gebiet zu sein, dann ist es authentisch. Es ist befreiend und kann eine mächtige Kraft für das Wohlbefinden sein.

Jede(r) von uns hat eine besondere Aufgabe. Uns auszudrücken ist ein Teil der Aufgabe. Dennoch ist Selbstausdruck etwas, wovor Menschen oft Angst haben. Es sollte selbstverständlich sein, denn das ist es, was du bist. Es ist die Lebenskraft, etwas, was durch dich hindurch kommt und einzigartig ist. Das Leben flüstert dir zu und leitet dich, all das zu sein, wozu du bestimmt bist. Höre auf das Flüstern und gehe mit ihm. Deine Sehnsüchte werden dich auf den richtigen Weg leiten.

Elizabeth Gilbert, Autorin von *„Eat, Pray, Love"* schrieb:

> *„Ich denke, dass Schicksal eine Art Vertrag zwischen menschlichen Wesen und dem Mysterium ist. Sachen werden dir vorgelegt, Situationen passieren, und dann entscheidest Du, was daraus gemacht wird."*

Meine Erfahrung ist, dass die narzisstischen Träume und Sehnsüchte im Licht anderer Dinge, die größer und besser sind, anfangen zu verblassen, wenn du dich mit deiner inneren Weisheit verbindest und der inneren Stimme, die dich führt, zuhörst. Befrage dich, deine Sehnsüchte und dein Schicksal. Sicherlich hast du etwas Größeres und Besseres gesehen oder gedacht, als das, was du gerade hast. Du wirst dorthin gerufen, wo du am meisten Angst hast – in dich selbst hinein. Wenn du anfängst, neue Prioritäten in deinem Leben anzunehmen, was bewirkt, dass du mehr von dir selbst siehst und deine Stärken sich zeigen, dann fängt dein altes Leben an, immer weniger Sinn zu machen. Das was möglich ist, wird dich immer weiter fordern. Und nur, weil du danach gefragt hast.


**Der Frauenkreis**

Wie auch immer groß für dich aussieht, erinnere dich daran, dass du es nicht allein schaffen musst. Ich bemerke oft, wie ich unter meinen hochmütigen Bestrebungen kleiner werde. In solchen Momenten fange ich an, mich zu überreden, dass meine Vision zu weitreichend ist und dass ich es ein wenig zurückfahren sollte, um auf Nummer sicher zu gehen. Und genau dann ist es, dass ich für meinen Kreis der Freundinnen dankbar bin. Diese Frauen haben die Gabe, mich daran zu erinnern, wie kompetent ich bin, und ihre Inspiration, zusammen mit der Tatsache, dass ich von ihnen für den besseren Teil in mir gesehen werde, hat mir oft den Mut gegeben, den ich benötigte, um meine eigene Größe anzunehmen.

Wenn du mehr von etwas haben willst (du kannst von allem mehr haben wollen – innerer Frieden, größere Klarheit, Großartigkeit, Freude, Leichtigkeit), kann es einfacher sein, deine Gedanken und Ideen in die Welt zu bringen, wenn du dich mit anderen Frauen, die du bewunderst und respektierst, umgibst. Du wirst dort Rat, Unterstützung, Kooperation und Dankbarkeit finden, um deine Stimme dazu zu benutzen, die Realität für deine Sehnsüchte und deine Träume zu erschaffen.

Was sind deine Ziele? Schaffe Bedingungen, um sie näherkommen zu lassen – sei mit Menschen zusammen, die du magst und tue was du liebst.

Wenn ein neuer Ruf sich furchterregend anfühlt oder außerhalb deiner Komfortzone ist, ist das, was du wirklich suchst, Bestätigung und Klarheit, dass der Weg, auf dem du dich befindest, perfekt ist. Zapf die Weisheit der anderen Frauen an, indem du nach ihren Geschichten und die Lehren, die sie gelernt haben, fragst. Anderen zuzuhören bringt dich auf neue Ideen und bestätigt oft, was du gedacht hast. Frage auch nach ihren Informationen und einer Brainstorming-Session – eine wunderbare Sache, die sich für viele als sehr erfolgreich erwiesen hat. Dies bietet dir externe Perspektiven der Möglichkeiten, die du erforschen kannst, erzeugt neue Ideen und ist dir dabei behilflich, Annahmen in Frage zu stellen, zu denen du vielleicht schon gekommen bist. Das ist ganz anders, als jemanden zu bitten, dir den richtigen Weg zu zeigen. Niemand kann die richtige Antwort für dich wissen, manchmal sind die richtigen Fragen viel besser. Sie öffnen dich für noch unberücksichtigte Möglichkeiten und ermöglichen dir, sie abzuwägen und in dich hineinzufühlen, ob sie in deinem Sinne sind oder nicht. Das kann deine Leidenschaft, Mut und Stärke unterstützen. Die Gnade hält bei solchen Versammlungen alle Hände.

**Beziehungen**

Es hört nie auf mich zu erstaunen, wie verbunden wir alle eigentlich sind. Ein großes Erwachen findet gerade auf dem Planet Erde statt. Es ist nicht immer offensichtlich, aber wenn wir mit Herausforderungen konfrontiert sind, vereinigen wir uns wie nie zuvor. Ein wachsendes Bewusstsein, dass wir eigentlich eine globale Familie sind, entsteht. Jeder Einzelne von uns sehnt sich danach, sich mit den Menschen und Dingen zu verbinden, die ihn Gefühle spüren lassen. Vollständig, lebendig, geliebt, glücklich, ruhig, zuversichtlich und zufrieden möchte jeder Mensch sein. Ich würde sagen, dass diese ganze menschliche Erfahrung von uns im Grunde genommen auf einem Felsboden von Begierde gebaut ist. Es liegt in der menschlichen Natur, etwas zu wollen, sich etwas zu wünschen, etwas zu verlangen und sich nach etwas zu sehnen.

Das Leben hält uns oft so beschäftigt, dass wir vergessen, unsere Beziehungen zu ehren. Niemand schafft es wie die Freunde, die ihren Weg in dein Herz gefunden haben, dass du dich so gut fühlst. Sie sind magisch. Lösungen zu deinen persönlichen Problemen mögen in der Tiefe des Herzens von jemand anderem gefunden werden. Mit deinen echten Freunden wird deine Verzweiflung besänftigt, wirst du aufgemuntert, werden deine Neurosen umgestaltet, deine Illusionen zerschmettert und deine geheimnisvollen, nicht so liebenswerten Teile geliebt. Es wird Liebe geben, die dich verschmelzen lässt, und herzhaftes Gelächter auf dem Weg. Du wirst für mehr als nur deine Verzweiflungen gesehen, und für mehr, als was du denkst, dass du nicht tun kannst. Mit deinem Sein erfüllst du den ganzen Planeten mit Schönheit, und deine Freunde sind dort mit dir, um es wahrzunehmen.

Höre auf, weiterhin dir und anderen den Rücken zuzukehren. Energie und Kraft liegen in deiner Authentizität, deiner Intensität, deiner Einzigartigkeit und deiner Wildheit, die darauf warten, freigesetzt zu werden, was inspirieren, transformieren und heilen kann.

Trage deine eigenen besonderen Träume wie ein kostbares goldenes Ei. Frage dich, wo du auf Nummer sicher gehst und nicht erkennst, zu was du geboren bist?

**Misserfolg**

Winston Churchill sagte:

*„Erfolg ist nicht endgültig, Misserfolg ist nicht tödlich: Es ist der Mut weiterzumachen, der zählt."*

Du kannst dich mit deinen Misserfolgen bestimmt fertig machen, und definitiv kannst du auch aus Fehlern lernen. Ich habe es ganz bestimmt. Ich habe gelernt, dass es bei Erfolg nicht um mich, sondern um die anderen geht. Es geht darum, wie viel ich tun kann, um auf andere eine Wirkung zu haben und anderen zu helfen. Ich habe gelernt, wenn ich auf Nummer sicher gehe, bin ich nicht so mutig gewesen, wie ich hätte sein sollen, und das hat sich in vielen meiner Beziehungen gezeigt. Ich möchte mich nicht länger zurückhalten. Ich habe auch gelernt, dass es essentiell für meine Gesundheit und mein Wohlbefinden ist, auf mich acht zu geben. Ich tue niemandem Gutes, wenn ich nicht für mich sorge und mich liebe.

Als junge Mädchen rannten, kämpften und trieben wir Sport genau wie die Jungs es taten. Wir rannten so schnell wir konnten, kämpften mit all unserer Kraft und haben alles gegeben. Im Alter von zehn bis zwölf, wenn Mädchen versuchen sich zu verstehen, fangen sie an zu glauben, dass sie das „schwächere Geschlecht" sind, wie von der Gesellschaft impliziert. Aber Mädchen brauchen sich nicht zu schämen, weil sie Mädchen sind. Sie sind nicht schwächer. Manche Regeln sollten umgeschrieben werden und manche alten Überzeugungen sollten infrage gestellt werden.

Was denkst du über das Weiblich sein?

**Deine Stimme finden**

Die feminine Energie ist zurzeit wesentlich für unsere Entscheidungen und für den Planeten. Es ist Zeit, die männliche und die weibliche Energie zu verbinden, um die Entwicklung der Zukunft zu fördern.

Ich nehme eine Ära wahr, in der sich Frauen rund um den Globus erheben, um eine neue Art heiliger Stärke zu beanspruchen, eine Stärke, die auf Verehrung des Lebens, der Widerstandsfähigkeit und der Liebe basiert. Dies sind Frauen, die ihre Füße fest auf dem Boden haben, ihre Köpfe in der Zukunft und ihre Seele in der Vergangenheit. Ihre Sehnsucht ist es, eine bessere Zukunft für ihre Kinder und für die zukünftigen Generationen zu sichern. Sie sind bereit, sich mit ihrer angeborenen Weisheit zu verbinden und voll und ganz das Mitgefühl, das ein zutiefst weibliches Element ist, auszudrücken. Sie sind bereit, die Gründe für ihre Angst, Scham, Unzufriedenheit, Mangel an Selbstwert, die Ablehnung der Liebe für ihren eigenen Körpern und die Gründe, warum sie sich schlecht behandeln, anzuschauen.

Frauen sind natürliche Konnektorinnen. Frauen können aus dem Teilen ihrer menschlichen Erfahrungen Vorteile ziehen. Deine Stimme ist ein Schatz, verberge sie also nicht, teile sie. Es gibt viele Möglichkeiten, wo du eine Stimme sein kannst, zum Beispiel für eine Freundin, die in ihrer Beziehung misshandelt wird, für die Tochter, die nur weil sie ein Mädchen ist, verlassen wird, für die jungen Mädchen, die die Sexsklaven der Welt sind, oder für das, was bei dir nebenan passiert.

Wir müssen aktiv nach unserer Stimme suchen und den Weg freimachen, damit sie ausgedrückt werden kann. Sie kann enthüllt werden, nicht erzeugt. Hier sind einige Fragen, die dir helfen können, Hinweise über deiner Stimme aufzudecken. Nimm dir etwas Zeit mit einem Notizblock oder deinem Tagebuch, um über sie nachzudenken. Schau mal, ob es irgendwelche Muster gibt, die sich wiederholen:

Was macht dich wütend?

Was bricht dein Herz?

Was macht dir Hoffnung?

Was wolltest du als Kind werden, wenn du groß bist?

Was ist deine Leidenschaft?

Was motiviert dich?

Welche Veränderung möchtest du in der Welt sehen?

Wenn du alle Zeit und Geld der Welt hättest, was würdest du machen?

**Eine Einladung**

Identifiziere dich heute mit mindestens einem Traum, den du hattest. Benutze deine Fantasie, sie ist nicht umsonst da.

Überlege dir drei Aufgaben, die du in den nächsten paar Monate erledigen kannst, um das Fundament für deinen Traum zu legen, damit er Realität wird.

Jetzt ist es Zeit für Brainstorming. Mit wem kannst du in Kontakt treten, um deinen Traum zu realisieren?

Was kannst du heute tun, um deinen Traum einen Schritt voranzubringen?

Nimm dir vor, die Abmachung zu besiegeln, und sprich ein Gebet dafür. Lass dich selber wissen, was du dir wünscht, und dass du bereit dazu bist und aktiv werden möchtest. Schreibe auf, was du geplant hast und mit wem du zu sprechen beabsichtigst, um Rat oder Hilfe zu erhalten. Sei dankbar für die Resultate.

Jetzt wo die Bestellung beim Universum aufgegeben ist, lass sie los und vertraue, dass das Allertiefste und Höchste und Beste für dich jetzt passieren wird. Bleibe offen und empfange mit offenen Armen.

## Persönliche Transformation

Meine Leidenschaft für Transformation, erhöhtes Bewusstsein und unzähmbare Energie hat es mir ermöglicht, eine sich kontinuierlich entwickelnde Praxis zu kreieren. Ich bin stolz darauf, dass Wahrheit unangefochten an erster Stelle steht. Wie ich im ersten Kapitel schrieb, kann mit der Unterstützung der Frauen in dieser Welt eine bessere Zukunft aufgebaut werden. Ich glaube, dass der einzige effektive und effiziente Ort, an dem wir unser Geld investieren können, um diese bessere Zukunft zu gewährleisten, sei es wirtschaftlich, politisch oder ökologisch, ist die weibliche Essenz, deren Antrieb es ist, den Planet zu einem besseren Ort für ihre Kinder und die zukünftigen Generationen zu machen. Das Weibliche in Frauen und in Männern - und es gibt Männer, die sich für und hinter Frauen stellen - entscheidet sich zielstrebig für den Schutz der Menschen und der Erde. Ihre innere Kraft erzeugt Gelassenheit und Entschlossenheit.

Da ich ein kreativer Mensch bin, glaube ich an die Kraft der Kreativität. Wenn du Veränderung wünschst, kannst du nicht nur Antworten von außen suchen. Probleme werden nicht mit derselben Energie gelöst, die sie erzeugt hat. Im Gegenteil, du musst anfangen, von innen nach außen zu arbeiten, und der kreativen Präsenz erlauben, durch dich hindurch, aus der Tiefe deines Wesens, zu fließen. Von diesem Ort kann es diese kleine, ruhige Stimme in deinem Hinterkopf, diese Präsenz, die schon immer ihren Weg zur Oberfläche finden wollte, diese Großartigkeit, die immer durchscheinen wollte, es schaffen anzukommen und sich auszudrücken. Wenn das passiert, bist du in deiner Kraft.

Möglicherweise glaubst du, dass du jemand werden musst, bevor du etwas tun kannst. Aktivität folgt immer auf Identität. Falls du ein unbequemes Gefühl beim Lesen bekommst, ist es vielleicht eine Aufforderung. Vielleicht ist es Zeit, du selbst zu werden. Vielleicht ist es Zeit, aus deiner Komfortzone herauszukommen. Der Prozess, in dem du dich befindest, ist mysteriös, aber schön. Falls du dir die Erlaubnis gibst, tiefer in den Prozess einzutauchen, wirst du mehr zu dem Mensch werden, der du sein möchtest. Und, während du das tust, schau dabei zu, wie dein Selbstvertrauen wächst und deine Kompetenz zunimmt.

Du bist die Reise. Deine Umwelt formt und gestaltet dich. Was du außen siehst, ist das gleiche wie das, was in dir drinnen ist, und umgekehrt. Du bist wie die Schlange, die ihren eigenen Schwanz frisst, oder die Hand, die ihre eigene Hand zeichnet, wie in einer Zeichnung von M. C. Escher. Die Schleife wird zum Kreis. Du konstruierst die Werkzeuge und die Werkzeuge konstruieren dich. Deine Verantwortung ist es auszuwerten, wie du funktionierst.

Ich habe viele innere Geschichten entdeckt, die mich grundlegend von innen nach außen verändert haben. Wie du jetzt von mir weißt, bin ich in einer männlich-dominierten Welt aufgewachsen. An einem Punkt in meinem Leben erkannte ich, dass ich Männer viel kritisierte. Ich habe gefühlt, dass Frauen moralisch überlegen waren. Ich habe viele Vorurteile mit mir herumgetragen, ich spürte Widerstand und kämpfte dagegen, wobei ich nicht wirklich verstand warum. Ich hatte viele Erwartungen an meine Beziehungen. In einem Journey-Prozess fand ich heraus, dass ich voller Konzepte war. Ein Konzept ging um Gott und Religion, ich glaubte, dass wir alle das Recht haben, unsere Überzeugungen zu verteidigen, egal ob sie richtig oder falsch sind. Als Protestantin in Nordirland bin ich mit dem Glauben daran aufgewachsen. Es gab dort viele extrem dogmatische Leute. Meine Großeltern hatten den Süden Irlands verlassen, als die Unruhen anfingen, sie waren Protestanten in einer überwiegend katholischen Umgebung. Es war schwierig für mich, Vertrauen und inneren Frieden in meinem Leben zu finden. Ich versuchte zu verstehen, was um mich herum passiert, und warum Menschen so stur waren – eine Eigenschaft, mit der man gern das Bewusstsein des irischen Volkes identifiziert. Vielen gab das die Rechtfertigung zu kämpfen. Aber niemand erkannte es, ich auch nicht. Ich habe das auf viele Menschen projiziert, meist auf die Männer in meinem Leben. Ich bin so froh, dass ich diese Rechtfertigung und das Bedürfnis, mich und die Überzeugungen, mit denen ich aufgewachsen bin, zu verteidigen, aufgegeben habe. Ich habe kein Bedürfnis mehr zu versuchen, die Dinge auf diese Art und Weise zusammenzuhalten – eine sehr befreiende und tiefgreifende Erfahrung.

Es geht nicht darum, das Verhalten anderer Menschen zu korrigieren oder zu verändern. Was wäre, wenn du dich weit genug öffnen könntest, um allen Hass, Kampf und moralisch schlechte Zustände in der Welt einzuschließen?

Hast du je gedacht, dass du dich als Frau in einer Männerwelt klein machen musst?

Wie hat das dein Leben beeinflusst?

Eine meiner Klientinnen hatte die Erkenntnis, dass sie Männer verherrlicht. In ihrer süßen, idealen Welt sah sie eine Wahrheit, die nur fünfzig Prozent wahr war, und sie wollte prüfen, warum sie dieses Konzept hatte. Viele Überzeugungen sind im Laufe unserer Arbeit zusammen aufgekommen: Ohne einen Mann bin ich nichts. Ich muss gegen Männer kämpfen. Ich bin etwas wert, wenn ich eine unabhängige Frau bin. Sie lebte auch mit dem Konzept, dass sie irgendwie einen Weg finden musste, sich zu befreien.

Ganz viel Angst kam hoch, die sie sich stellte. Es war ein extrem tiefer Prozess, in dem eine Energie aufkam, die bis zu der Zeit der Kreuzritter zurückging, bei dem es einen Konflikt um Glauben und religiöse

Überzeugungen ging. Sie erkannte, dass Gott für etwas missbraucht wurde, was wir Menschen uns in unseren Köpfen ausgedacht haben – das Konzept, dass es entweder Gewinner oder Verlierer im Leben gibt. Das ist falsch. Krieg generiert nur Zorn und Schmerz. Es wurde viel Vergebung benötigt, für die Momente, in denen sie dachte, dass sie falsch lag, für ihren Kampf und ihren Widerstand, für all die Zeiten, in denen sie sich als Frau klein gemacht hatte, dafür, dass sie sich auf der Suche nach einer Lösung verrückt machte, für die Zeiten, in denen sie ihr eigentliches Sein in Konzepte verpackt hatte und anderen und sich selbst gegenüber ihr Herz verschlossen hatte.

Sie akzeptierte die Tatsache, dass es keinen Unterschied im Bewusstsein zwischen Männern und Frauen gibt. Es gab Versöhnung und Vergebung, dafür dass sie so viel gekämpft und Widerstand hatte. Nach dem Prozess hatte sie das Gefühl, nichts erreichen zu müssen oder nichts sein zu müssen, sie war jetzt offen, in den Fluss des Lebens hineinzugehen. So schön!

Also, wie du siehst, kannst auch du die Zukunft aufbauen, die du haben möchtest. Dies ist eine Reise zu dir selbst. Es geht nur um dich. Es gibt dich nur einmal. Wenn du dein Leben aus dieser Perspektive betrachten kannst, dann hast du automatisch angefangen, deine Perspektiven auf die Dinge zu verändern.

Was, wenn alles was dir passiert, dir absichtlich für einen Zweck zugeordnet wurde? Was, wenn alles was du bisher in deinem Leben getan hast, für dich eine Lehre sein sollte? Was hast du daraus gelernt? Was, wenn du dies auf irgendeiner höheren Ebene verlangt hast, damit du einen Teil von dir, dessen du dir zuvor nicht bewusst warst, enthüllen kannst?

Ich versichere dir, dass genau das passiert, und deine Arbeit ist es, dich danach zu richten, damit du anfangen kannst, neu zu denken. Wenn dich etwas irritiert, ist es ein Teil von dir, der einen anderen Teil irritiert. Deine Knöpfe werden gedrückt. Und du machst dich bereit, einen Teil von dir zu gebären, der ein wenig glorreicher, ein wenig mitfühlender, ein wenig verständnisvoller und ein wenig wissender ist.

Das bist alles du.

Was, wenn du glaubst, dass du alles richtig gemacht hast und das Leben auf die falsche Art erwidert hat? Was, wenn andere genau dasselbe tun würden? Höre auf mit dem Widerstand und öffne dich dem, was da ist. Du kannst mit dem Trauern aufhören oder du kannst ein Wunder erwarten. Jeder Moment ist eine Wahl.

Welches Geschenk wärst du für die Welt, wenn du dich entscheiden würdest, dich zu zeigen? Welche Konditionierung hast du, die dich zurückhält, und bist du bereit sie loszulassen?

Wie viel deiner Kreativität und Energie benutzt du, um dich versteckt zu halten, nicht gesehen oder gehört zu werden? Wahrscheinlich eine Menge. Wie viele Lügen erzählst du dir, dass du dir nicht zutraust gesehen oder gehört zu werden, dass du nicht gut genug bist, dass du langweilig bist, oder zu viel für diese Welt? Wie viel Kontrolle und Spannung benutzt du, um dich, dein Leben, deine Finanzen und deine Möglichkeiten klein zu halten? Wie viel deiner Lebensenergie hältst du zurück?

Ich frage dich, ob das alles wahr ist oder nicht. Ich frage dich, ob du dir vorstellen kannst, frei von all dem zu sein und die Energie zu haben, dich stark zu fühlen und gesehen und gehört zu werden. Wenn deine ganze Angst weg wäre, wie würde sich das anfühlen?

### Leidenschaft

Wenn Leidenschaft durch dich fließt, kannst du alles tun. Wenn wir die Geschichten außerordentlicher Frauen hören, wie Malala oder Oprah Winfrey, kannst du nicht anders als zu denken, „Ich könnte das nie, weil ich nur eine durchschnittliche, normale Person bin."

Die Wahrheit ist, jeder von uns kann etwas beitragen, ein Gefühl der Erfüllung im Leben zu spüren und einen Unterschied in der Welt machen, auf deine einzigartige Weise. Es muss nicht unbedingt etwas auf einer weltweiten Skala sein. Es muss nur etwas sein, was du mit Leidenschaft machst.

Wir können alle außergewöhnlich sein. Der Schlüssel ist zu realisieren, dass außerordentlich sein eine persönliche Entscheidung ist. Und es ist egal, ob du reich bist oder mit Mühe über die Runden kommst, ob du jung oder alt bist, ob du eine tolle Arbeit hast, dein eigenes Geschäft hast oder arbeitslos bist. Unabhängig von Hautfarbe, sozialem Hintergrund oder religiöser Zugehörigkeit, jeder kann sich entscheiden außergewöhnlich zu sein.

Meine erste Vollzeitarbeit mit achtzehn Jahren war in einer Versicherungsgesellschaft. Obwohl ich jung war, fühlte ich mich unerfüllt und in einer Sackgasse. Das war nicht ich. Und es war nicht mein Traumjob.

Deine Leidenschaft zu finden ist nicht so einfach, wie deinen Kindheitsträumen nachzugehen. Ich träumte davon, kreativ zu sein, hatte aber keinen blassen Schimmer, wie ich mir diesen Traum erfüllen konnte. Gleichermaßen kannst du dich, selbst wenn du in einem Topjob arbeitest, so fühlen, als ob du so viel zu geben hast, aber du nicht weißt, was der beste Weg ist, das zu tun.

Setze dich hin und frage dich, worauf du dich am liebsten fokussiert hast, nachgedacht oder was du am liebsten erforscht hast, als du im Teenager- und jungen Erwachsenenalter warst. Wenn du deinen Karriereweg darauf basierend gelebt hast, wie die Gesellschaft und deine Familie es betrachtet, ist jetzt die Zeit gekommen langsamer zu werden, deinen Terminkalender freizuräumen und dich einem Plan zu verpflichten, um deine Leidenschaft zu enthüllen und eine klare Vision für deine Zukunft zu bekommen.

Als meine Kinder mit der Schule fertig waren, spürten sie den Druck, eine Arbeit zu finden oder das richtige Fach zu studieren. Als ich die Schule verlassen habe, hatte ich keine Ahnung, was ich tun wollte. Es braucht manchmal Zeit, sich zu entfalten.

Wenn du von all den Dingen, die dein Leben eingrenzen, frei sein kannst, in welche Richtung würdest du gehen? Für mich war es kreativ werden, sowie auch Fähigkeiten entwickeln, um mit Menschen arbeiten zu können. Mein Arbeitsleben nährt jetzt meine Seele fast genauso viel wie mein persönliches Leben. Ich betrachtete erneut meine versteckten Ambitionen und entwickelte einen Plan, um es zu verwirklichen, zuerst indem ich Kommunikationsdesign studierte. Die Welt liegt zu deinen Füßen, sobald du deine Gedanken auf deine Leidenschaft richtest.

Erforsche und nimm dir Zeit, anderen Projekten und Interessen nachzugehen, die du immer im Kopf hattest. Für mich war es eine Mischung aus Kreativität und meiner Leidenschaft, Menschen bei der Heilung vieler verschiedener Gebiete ihren Lebens beizustehen. Ich konnte Schreiben, Kunst und ganzheitliche Gesundheit miteinander verbinden und war letztendlich selbstbewusst genug, um professionell als Journey Practitioner und Coach zertifiziert zu werden.

Bleib offen – es wird unerwartete Wendungen auf deinem unkonventionellen Weg geben, das ist unvermeidlich. Verlasse dich auf deine Instinkte. Betrachte es als ein Abenteuer, eine Reise, die dir ganz bestimmt viele freudige Momente bringen wird, und nutze deine innere Kraft.

**Eine höhere Vision**

Bist du bereit für einen neuen Aufschwung im Leben? Bist du bereit hinaufzusteigen und in dich hineinzutreten, in das neue weibliche

Bewusstsein? Dein Sein und deine Verbindung zu dir selbst und zu dem, was größer ist als du, feuert dich an, das zu tun, was du tust. Du wirst von einer Kraft geführt, die größer ist als du, zumindest denkst du, dass sie größer und mächtiger ist als du; du bist die Einzige, die dich begrenzt.

Wenn du eine Vision für dich hast, setze dir ein höheres Ziel! Dann steuerst du nicht nur kurzfristige Vergnügung an, sondern langfristige Erfüllung. Strebe höhere Zufriedenheit an, die andauert.

Beim Entwickeln einer Vision für dein Leben fragst du dich, wer du wirklich bist, damit du deine Antwort in positive Aktionen umwandeln kannst. Persönliche Veränderung passiert zwangsläufig, sie kann nicht gestoppt werden. Genau wie die Jahreszeiten sich ändern, so verändern sich auch dein Körper, deine Emotionen, Einstellungen und Perspektiven. Die ganze Existenz ist sich ändernde Energie. Um Veränderung in deinem Leben willkommen zu heißen, könntest du

- alle Konzepte über dich fallen lassen,
- dein inneres Selbst willkommen heißen,
- alle vorherige Konditionierung fallen lassen (Ich kann dies nicht, Ich arbeite zu viel, etc.),
- dich neuen Möglichkeiten und Konzepten öffnen,
- dich selbst nähren und akzeptieren,
- die Verhaltensweisen erforschen, die dein spirituelles Fundament und demzufolge deine kreative Kraft stärken können,
- deine Stärken und Schwächen akzeptieren,
- Misserfolge nutzen, um daraus zu lernen,

- dich mit unterstützenden Menschen umgeben, die dich inspirieren,

- dich daran erinnern, dass du ein Feld unendlicher Möglichkeiten bist,

- Selbstbewusster werden.

**Herz über Kopf**

Die Verbindung mit deinem Herz ist dein zuverlässigstes inneres Führungssystem. Wenn du deinem Herz folgst, triffst du Entscheidungen, die Türen für dich ohne Anstrengungen öffnen. Du wirst mit deiner inneren Weisheit vertrauter. Der Weg wird dir mit Leichtigkeit offenbart.

Wenn du deinem Kopf folgst, wirst du deine Entscheidungen überdenken, da du die Führung des Kopfes anstatt die Botschaften deines Herzens wählst. Es kann sich herausstellen, dass dein Weg voller Blockaden sein wird, die dich an jeder Kurve hindern werden. Kraftvolle Entscheidungen sind einfach zu machen und sind erleichternd ... es ist der Widerstand, der erschöpfend ist. Und erinnere dich, es gibt nicht so etwas wie falsche Entscheidungen, es gibt nur Erfahrungen, aus denen wir lernen. Ich habe die Erfahrung gemacht, dass wir immer wieder auf den Weg zurückgeführt werden.

Wenn du dich aus tiefsten Herzen entspannst, erlangst du Zugang zur Weisheit des ganzen Universums. Mit Meditation gibt es eine Einladung, das Geschnatter zum Schweigen zu bringen, auf eine sanfte Weise Gedanken, Vorurteile, Ablenkungen und persönliche Spannungen loszulassen, um wirklich die Wünsche und Botschaften des Herzens zu hören. Stille ist sehr hilfreich, damit kreative Inspiration aus deinem Gehirn befreit werden kann. Du fängst an ein magnetisches Feld zu aktivieren und dich mit deinem inneren Kompass zu verbinden. Nur dann kannst du in deine innere Inspiration eintauchen und nicht nur deine Träume, sondern dein Schicksal realisieren.

Freiheit ist die Fähigkeit zu entscheiden, wie wir auf das, was uns das Leben bringt, reagieren, und nicht von Angst, Wut, Selbstzweifel oder Stress gelenkt zu werden. Es ist möglich, unser Leben auf Vertrauen basiert zu leben, nicht auf Angst.

Wie wäre es, Muster von Harmonie in dein Leben und das Leben anderer zu kreieren? Was, wenn Harmonie nicht nur die Zeit wäre, in der du friedlich und still bist ... sondern auch, wenn es Intensität gibt? Umarmungen können intensiv sein. Trau dich, intensiv zu leben!

Wenn du irgendetwas verändern könntest, und dir IRGENDETWAS wünschen könntest, worum würdest du bitten?

**Eine Einladung**

Halte im Laufe des Tages öfter mal inne, lege deine Hand auf dein Herz und atme. Spüre den ungezwungenen Fluss deines Atems, wie er hereinkommt und hinausgeht. Benutze deinen Atem als ein Werkzeug für Reinigung und zum Loslassen von all dem, das dir in diesem Moment nicht dient. Werde dir deines Atems bewusst, während du langsam und tief ein- und ausatmest. Entspanne dich und erlaube deinen Sinnen, den Rhythmus deines physischen Herzens und den Takt deines intuitiven Herzzentrums zu spüren. Fühle, verbinde dich und sei nur. Begrüße jeden Moment mit einem Gefühl von Stärke, Wunder und Freiheit. Geh nach innen, um dich mit der zu verbinden, die du wirklich bist. Spüre, wie dein Bewusstsein sich ausdehnt, du hast dich jetzt deiner authentischen und göttlichen Natur geöffnet.

Respektiere deine Leidenschaften und langgehegten Träume.

Höre auf die Intelligenz deines Körpers. Vertraue auf die Weisheit deines Herzens und erlaube dir, in ein Feld grenzenloser Möglichkeiten und unbegrenzter Unterstützung für die Verwirklichung deiner Ziele hineinzusteigen.

Pflanze deine Intentionen in die Gebärmutter der Kreation, indem du sie loslässt und dem Universum erlaubst, die Details zu orchestrieren.

Dann hebe etwas Zeit für dich auf, höre auf die Führung, die du bekommen hast und agiere. Die Antworten mögen sich auf mannigfaltige Arten entwickeln, also sorge dafür, dass deine Antennen ausgefahren und offen sind, in Vertrauen und Entspannung.

**Leadership**

Menschen folgen dem, was sie inspiriert. Jeder Mensch trägt Samen der Großartigkeit in sich und hat seine persönliche Reise, die noch vor dem Moment der Zeugung beginnt. Von dem Zeitpunkt der Geburt an hast Du Menschen in deinem Leben, zu denen du aufschaust, die du kopierst und als Autoritäts- und Inspirationspersonen identifizierst. Deine Konditionierung wird durch solche Figuren geformt, einschließlich deiner Eltern, deiner Lehrer und deiner Vorgesetzter. Wir verlassen uns auf Leadership, um unsere Gesellschaften, unsere Regierungen, unsere Religionen, unsere kulturellen Aktivitäten, Sportgruppen und unsere Unternehmen zu organisieren und zu regulieren.

Es mag nicht viele großartige und großmütige weibliche Leitpersonen in deinem Leben gegeben haben, die dich als Heldinnen auf deinem Weg begleitet haben. Sehr wahrscheinlich gab es viele großartige und großmütige männliche Leitpersonen. Es gibt keine gesellschaftlichen Vorstellungen davon, wie Frauen nach den Wechseljahren zu sein haben. Frauen haben für Tausende von Jahren keine Führungsrollen gehabt. Erst in der letzten Generation, in den letzten 30 – 40 Jahren haben Frauen begonnen, sich zu befreien und neue Vorbilder zu kreieren. Bei so wenigen Frauen in Führungs- und Machtpositionen, mit denen wir uns identifizieren können, ist es kein Wunder, dass wir dazu neigen, uns mit einer geringeren Lebensrolle zu identifizieren. Es besteht noch ein tiefes entkräftendes kollektives Bewusstsein von Machtlosigkeit, Schwäche und Opferhaltung, das abgeschüttelt werden muss. Die meisten Frauen, die auf ihr Leben zurückschauen, haben nicht genug Unterstützung gespürt oder sind nicht genug beachtet worden.

Um auf den fahrenden Zug aufzuspringen, ist es wichtig, Unterstützung zu haben, um dir zu ermöglichen, dich mit deiner inneren Stärke zu verbinden. Kein Schuldgeben mehr, kein Wunschdenken mehr. Kein Drängen mehr darauf, besser zu sein, kein Versuchen mehr, deine beste Seite zu zeigen und nichts und niemandem mehr zu kontrollieren. Dies ist tief in unserer Kultur etabliert und damit verknüpft, wie wir über unser Leben denken. Entspann dich – du bist die Schöpferin deiner eigenen Erfahrungen. Sie werden von dem erzeugt, was du über dich glaubst und was in dir los ist – das interne, nicht das externe. Also, um deine Erfahrung zu verändern, solltest du das, was im Inneren passiert, nach außen wenden und die Stärke der Weiblichkeit anstreben. Ich mag es, mir dies wie die Rückkehr zum Wilden vorzustellen. Um das zu tun, lass dich in deinen Körper hineinfallen, wie ein Stein ins Wasser. Gelange tief in deinen Bauch, in deine Gebärmutter. Stehe kraftvoll in der Welt, während du tief auf den heiligen Fluss eingestimmt bleibst, der durch deine Venen pulsiert.

Wie wäre es, so durch deinen Tag zu gehen?

Rumi sagte:

> *„Weißt du es noch nicht? Es ist dein Licht, das die Welt zum Leuchten bringt."*

Du kannst einen Unterschied machen. Du kannst die blauen Horizonte sehen.

Viele Führungspersonen haben das Bedürfnis nach Anerkennung, anderen zu imponieren und die Nummer eins zu sein. Sie lassen sich von ihrem Ego leiten, anstatt sich auf ihre Intuition einzustimmen, um die Antworten auf ihre Fragen zu finden. Unglücklicherweise ist Vertrauen in diese Art von Führern aufgrund von Angst, Mangel, Habgier und Korruption falsch. Es lässt Menschen verzweifeln und sich zynisch fühlen. Zum Glück gibt es jetzt viele führende Menschen, die mitfühlend sind, weise Wesen voller Integrität. Das ist eine komplett andere Qualität.

Eine bewusste Führungskraft in deinem Leben zu sein bedeutet Verantwortung für die Besinnung über deine persönliche Vision zu übernehmen, kritische Fähigkeiten zu entwickeln und die Entwicklung deiner Seele zu gestalten. Eine Ambition, deinen Berufungen zu folgen, das, was in dir drinnen ist, auszudrücken und es mit der Welt zu teilen, bedeutet, deine innere Kraft zu zeigen. Sobald du wirklich imstande bist, dein eigenes Leben zu führen, kannst du auch andere auf gesunde Weise auf ihrem Weg führen.

Wenn du nicht den Titel oder die Berechtigung hast, die deiner Meinung nach vielleicht nötig sind, beginnst du womöglich, deine eigenen Ideen abzulehnen, was dich wiederum oft dazu bringt, deine eigene Stimme zum Schweigen zu bringen. Du verlierst deine innere Stärke und die Fähigkeit, Dinge in deinem Leben von innen und von außen zu verändern. Du vergisst, dass du die Leiterin deines eigenen Lebens sein kannst.

In erster Linie ist es wichtig zu wissen, was deine Gaben sind und wie du sie mit der Welt teilen wirst. Für mich ist das meine Kreativität, meine Fähigkeit Kunst zu machen und zu schreiben, und meiner Energie zu ermöglichen, anderen die Erlaubnis zu geben, sich zu vertiefen und zu heilen.

Als nächstes musst du wissen, was deine persönliche Vision ist, was dich antreibt und wie du vorhast, deinen Kopf, dein Herz und deine Hände zu verbinden, um diese Vision Realität werden zu lassen. Für mich ist es eine Verpflichtung, mein Leben der Unterstützung und Stärkung der

Frauen zu widmen. Ich widme mich dem Entdecken und Ausräumen einschränkender Konditionierung und Themen, die sich mir aufzeigen. Hierfür habe ich die Unterstützung einer Gruppe gleichgesinnter Frauen.

Daher ist es sehr wichtig, dass du zulässt, dass die größte und höchste Vision für die gesamte Menschheit entsteht. Trete ein in den Raum grenzenloser Möglichkeiten, und das Universum wird dir die Möglichkeiten geben, Teil eines größeren Bildes zu werden, vielleicht sogar viel größer, als du dir je vorgestellt hast. Du wirst Zugang zu einem tieferen, authentischeren Teil von dir selbst erlangen, eine Fähigkeit, die eventuell dein ganzes Leben in dir geschlummert hat.

Meditation ist ein hilfreiches Werkzeug, um dich mit deinem wahrsten Selbst zu verbinden. Wenn du genau zuhörst, kannst du vielleicht das entdecken, wofür du auf die Erde gekommen bist, was du als dein Dharma oder deinen Lebenssinn zu erfüllen hast. Von diesem Ort kannst du dein Herz ganz natürlich die Wahrheit sprechen lassen. Menschen erkennen Wahrheit, wenn sie gesprochen wird. Sie verursacht einen Dominoeffekt, sie ist ermutigend.

**Tipps für Leadership**

Lerne zuzuhören. Ich meine dem Menschen, mit dem du sprichst, wirklich zuhören. Höre mit den Ohren deines Herzens zu, dann wirst du dem, der dir etwas mitteilt, am besten mit Mitgefühl und Verständnis behilflich sein können. Die Menschen werden sich mit dir wohlfühlen und Vertrauen in dich haben.

Sorge gut für dich. Das hilft, den Stress in deinem Leben zu reduzieren. Tue Dinge, die du gern tust, bewege aber auch deinen Körper, pflege gesunde, stärkende Essgewohnheiten und verbringe Zeit mit Familie und Freunden. Je besser du für dich sorgst, umso besser kannst du andere führen.

Lerne Feedback und Kritik als Geschenk zu benutzen, um daraus zu lernen und zu wachsen. Lass jeglichen vorhandenen Widerstand los. Menschen sind da um deine Spiegelbilder zu sein, und du wirst viel von ihnen lernen.

Verpflichte dich der Entwicklung deines eigenen Potenzials und zelebriere das Potenzial in anderen. Lass deine Vorstellungen davon, wie andere Menschen sein sollten, los.

Sei dankbar für jeden Tag, den du auf dieser spirituellen Reise hast. Praktiziere dies jeden Abend, oder jeden Morgen, falls dir das besser passt, um die guten Dinge in deinem Leben und das, was den Menschen um dich herum Frieden und Liebe bringt, zu ehren.

Freude und Leichtigkeit sind unerlässlich, um sich wohlzufühlen. Ich wäge Sachen in meinem Leben ab und teile sie in Leichtes und Schweres. Ich lasse das Schwere in Ruhe und gehe dem nach, was sich leichter anfühlt. Das hilft mir mit einem neugierigen Geist, einem offenen Herz und einem Lächeln auf den Lippen zu leben. Ich habe gelernt, meine Verschiedenheit als meine Größe anzunehmen.

Heiße Kreativität willkommen und belebe dich neu. Für mich bedeutet das in der Natur sein, mit Tieren sein, barfuß gehen, ein Retreat besuchen oder am Meer sein und das Salzwasser genießen. All das bringt mir Gefühle von Wohlfühlen, Entspannung und Erneuerung. Diese Rituale sind wichtig für mich, damit ich meinen Kopf frei bekomme und einen frischen Schwall Kreativität bekomme.

Letzten Endes habe ich gelernt, dass es nicht so sehr darum geht, das zu bekommen, was ich möchte, sondern die zu sein, die gebraucht wird, um anderen aus der Wahrheit zu geben und zu dienen. Ich bin gedemütigt worden, weil ich nicht diejenige war, die ich dachte zu sein. Und ich habe festgestellt, dass ich so viel zu geben habe. Ich habe gelernt, dass Lieben einfacher ist als Angst zu haben, dass ich so zu besseren Ergebnisse komme. Je mehr Liebe in allen Dingen ist, desto weniger Angst ist vorhanden.

Was kannst du beitragen?

Jede kann überall Auswirkungen auf die Menschheit haben. Wenn ein Weg sichtbar wird, gibt es eine Lösung. Es gibt noch so viel zu tun – es gibt so viel Armut, Menschen, die wenig oder gar keine Hoffnung haben. Es gibt so viele Mädchen, die vermisst und für Sex verkauft werden. Das ist nur der Anfang. Mädchen für Mädchen kann ein Unterschied gemacht werden. Und selbst dann ist es eine entmutigende Aufgabe das Problem des Leidens auf der Welt zu lösen. Um es bewältigen zu können und es greifbarer zu machen, fange damit an, dich mit deinem eigenen Leid zu befassen.

Wie wir wissen, wird das Leid eines Kindes transformiert, wenn es in den Armen einer bedingungslos liebenden Mutter ist. Falls es Momente in deinem Leben gegeben hat, wo Du dich nicht bedingungslos geliebt gefühlt hast, wirst du vielleicht mehr Liebe, Fürsorge und Freundlichkeit benötigen, um dir dabei zu helfen, deine eigenen Wunden zu heilen. Dich selber zu lieben bestätigt, dass die ganze Menschheit die gleiche Fürsorge braucht. Wenn für dich gesorgt wird, kann dein Leid transformiert werden. Und wenn dein Leid transformiert wird, bist du besser imstande, dein Licht in die Welt scheinen zu lassen. Zum Beispiel kenne ich eine Frau, die Brustkrebs hatte und jetzt Brustkrebs-Patientinnen Yoga lehrt. Ich kenne eine Frau, die ihr Essverhalten wegen einer Krankheit radikal verändern musste; jetzt lehrt sie anderen Diäten, durch die sie gesünder leben können.

Deine Beteiligung an Krieg, Gewalt, Missbrauch, Zerstörung, Konsum oder Umweltverschmutzung hat negative Energie erzeugt. Pole diese Energie um und vergib dir. Wenn du dein Licht in die Welt scheinen lässt, gibst du automatisch anderen die Erlaubnis, ihr eigenes Licht auch scheinen zu lassen. Verantwortung, Vertrauen und Bewusstsein wachsen. Die Fähigkeiten in der tiefen Weiblichkeit in Frauen wie Männern sind unerlässlich in Leadership.

Bewusster werden ist der Weg, alles zu verändern – Krieg, Gewalt, Armut, etc. Was, wenn du ein Teil der Veränderung in wahrem weiblichen Bewusstsein wärst? Was, wenn du dir die Dinge schenkst, die du dir für die Welt wünschst? Was, wenn du dich genug wertschätzen würdest, um dies zu tun? Es ist fast unvorstellbar. Was würde passieren, wenn alle Frauen Kontrolle über ihre Körper und ihre Fortpflanzungszyklen hätten? Was, wenn...? Sag Hallo zu einer Realität mit vielen Möglichkeiten.

**Eine Einladung**

Um deine Traummuskeln aufzuwärmen, ist hier eine Einladung, eine Übung in extremer Visualisierung zu machen.

Schließe deine Augen und nimm drei tiefe Atemzüge bis tief in deinen Bauch.

Visualisiere etwas, was du machen möchtest, zur Zeit aber nicht im Bereich deiner Möglichkeiten ist. Wenn du es hast, stelle dir vor, dich dabei zu sehen, wie du es absolut umwerfend machst. Mach das Bild größer, mach es größer als lebensgroß, z.B. gewinnst du eine Goldmedaille für einen Marathonlauf oder du hast den perfekten Job bekommen. Spüre, wie du dich fühlst, das wird dein logisches Gehirn verwirren, das dir erzählt, dass so etwas nicht möglich ist. Öffne dich dem, was viel besser ist als das. Mach dir Platz für neue Möglichkeiten. Lass zu, dass neue Ideen und magnetische Energie hereinfließen. Greif dir einen Traum, den du schon sehr lange gehabt hast.

Nimm jetzt drei tiefe Atemzüge bis tief in deinen Bauch. Sag Hallo zu deiner neuen Realität mit vielen Möglichkeiten. Lass jegliche Erwartungen oder Ergebnisse los. Entscheide dich, dich zu erheben und deinen Platz im Universum zu erforschen. Verbinde dich mit einem tiefen Wissen, dass das Leben will, dass du gewinnst, lebendig bist und mit dem Höchsten und Besten für dich verbunden bist. Es ist deine

Seele, die spricht. Hör zu, komm näher!

Diese Übung kannst du immer und immer wieder machen, wann immer du magst.

**Sich verbinden**

Erinnere dich daran, die einzige Person, die du verändern kannst, bist du selbst. Alle anderen wirst du so akzeptieren müssen, wie sie sind. Wenn du dich veränderst, wird es auch eine energetische Veränderung derjenigen um dich herum geben, da es Aktion und Reaktion von der Energie deines Wesens gibt. Nach einem Bewusstseinswandel können die Aktion und die Reaktionen nicht mehr die gleichen sein. Mit deinem ganzen Wesen beschäftigt zu sein, nicht nur vom Hals aufwärts, ehrt dein Sein. Und nicht nur dein Sein, sondern das Sein der ganzen Menschheit. Frauen sind Wesen der Gemeinschaft, das ist tief in unserem Wesen verwurzelt. Wir lieben es, zusammenzukommen, zu plaudern, zusammen zu essen, gemeinsam kreativ zu sein und Dinge auf eine gemeinschaftliche Art und Weise zu tun. Erschaffe einen Raum, um zusammen zu sein und trage zu deiner Veränderung bei.

Wir brauchen Kräfte, die sich miteinander verbinden. Nimm das Beispiel eines Tsunamis. Mit so einer Katastrophe, verbindet Mitgefühl in den Herzen der Menschen sie zusammen, und trägt dazu bei, dass sie zusammenkommen, um sich gegenseitig zu helfen. Wir haben grundlegende menschliche Werte wie Liebe, Güte und Mitgefühl, die immer siegen werden. Zusammenkommen und uns verbinden bedeutet Brücken zu bauen, um Dialoge stattfinden zu lassen. Es geht alles um kollektives Wachstum. Wenn du dich erhebst und strahlst, gibst du einer anderen Frau die Erlaubnis, aufrecht zu stehen.

Gemeinsame Führung ist wichtig für die zukünftigen Generationen. Als Führungskräfte geben wir jungen Frauen und Männern ein Beispiel. Wir zeigen ihnen, dass es möglich ist, dass Frauen Länder, Unternehmen, Gerichtshöfe, Gemeinden und Universitäten leiten. Wir zeigen ihnen, dass es möglich ist, dass Frauen frei von Gewalt, Angst und Diskriminierung leben; dass ihre Entscheidungen respektiert und ihre Fähigkeiten anerkannt werden; dass sie die gleichen Chancen, Ressourcen und Verantwortungen wie Männer fordern. Angesichts von Widrigkeiten beschreiten wir neue Wege, die es den Frauen, und denen, die ihnen folgen, leichter machen werden, uns zu folgen. Dies wird die kollektiven Bemühungen von Frauen und Männern aus den unterschiedlichsten Führungsebenen erfordern.

Wir sind eine Frau.

Geh, erhebe dich und strahle, die Welt braucht dich!

# Über die Autorin

Ruth Bleakley-Thiessen ist Kommunikationsdesignerin, Journey Practitioner, Coach, Seminarleiterin, Künstlerin und Autorin. Sie hat tausende von Menschen, die meisten von ihnen Frauen, in Zweiergesprächen wie in Workshops gecoacht, um ihnen zu helfen, sich zu entfalten, zu stärken, durch ihre Blockaden zu brechen und sich auf ihre eigene authentische Weise auszudrücken.

Ihr erstes Buch wurde im Jahr 2000 bei dem Ch. Falk Verlag in Deutschland veröffentlicht (*Die Lehren der Engel*).
Sie kommt aus Irland und lebt im Norden Deutschlands.

Andere Bücher von Ruth können auf ihrer Website gefunden werden: www.ruth-bleakley-thiessen.de/books/

Ein kostenloses ebook „**7 Schritte zu weiblicher Authentizität**", kannst du hier erhalten:

http://www.ruth-bleakley-thiessen.de/for-free/kostenloses/

## Literaturverzeichnis

Patricia Lynn Reilly: "Imagine a Woman", www.imagineawoman.com

Dalai Lama: Vancouver Peace Summit, 2009

Sri Amma Bhagavan: Tägliche Lehren, 8. März 2015

Hopi Elder: www.communityworks.info/hopi.html

Nelson Mandela: www.goodreads.com/quotes

Hafiz: www.goodreads.com/quotes

Rumi: www.quotezine.com/rumi-quotes/

Malala Yousafzai: Rede bei der Annahme des Friedensnobelpreises 2014

Deepak Chopra: "The Way of the Wizard: Twenty spiritual Lessons for creating the Life you Want"

Gangaji: "Der Diamant in deiner Tasche"

Joan Borysenko: www.joanborysenko.com

Gangaji: Satsang (Datum unbekannt)

Brandon Bays: www.facebook.com, 30. April 2015

Oprah Winfrey: Zitat aus einer Rede, Datum unbekannt

Nicole Kidman: 19. Mai 2014, The launch of Beijing +20 campaign, UN Women

Osho: "Philosophia Ultima"

Danielle LaPorte: "The Desire Map"

Elizabeth Gilbert: "Eat, Pray, Love"

Winston Churchill: einer Rede zugeschrieben, Datum unbekannt

Rumi: www.verybestquotes.com

www.ingramcontent.com/pod-product-compliance
Lightning Source LLC
Chambersburg PA
CBHW060835050426
42453CB00008B/701